JN238578

# 歳からの
# 家事のきほん46

アントラム栢木利美 Toshimi Kayaki Antram

海竜社

# はじめに——13歳からは大人の仲間入り。1人で自活できるように

私が13歳になったときに、「あなたももう中学生。自分の身の回りのことは、ひと通り自分でできるようにしなくちゃね」と母から言われました。

それまでも毎日のお膳立《ぜんだ》てや窓拭《ふ》きなどのお手伝いはしていましたが、本格的に家事を躾《しつ》けられたのは13歳になってから。

母としては、「大学に入る年の18歳になると、この子も家を出て1人暮らしを始めるかもしれない。そのときに困らないように、これから5年で自活できるように教えていかなくちゃ」という思いがあったようです。

私自身、「もう小学生じゃない。中学生の女の子として、自分の身の回りのこ

とは自分でできるようになりたい」というちょっと背伸びしたい気持ちもあり、13歳からの母の教えは、「大人の仲間入り」として認めてもらえたようで、とても誇らしく、うれしかったことを覚えています。

13歳からは大人への過渡期。本を読んだり、友達と語り合ったり、スポーツをしたりと、心と体を育《はぐく》む大事な時期でもありますが、一方で「自分の生活を整える力」を身につける大事な時期でもあると思うのです。勉強やスポーツは、周りの大人たちも教えてくれますが、生活については親が教えるしかありません。親がいつまでも、子どもにかかりっきりで面倒を見るわけにもいきません。だから、中学生になる13歳という年齢は、1つの転機だと私は思います。

この本では、「本当に必要な生活の知恵」を紹介しています。子どもがきちんと自活できるように、あらゆる基本が詰まっています。子どもだけでなく、家事の初心者さんにも役立つ内容になっています。

また、ベテラン主婦の皆さんは、自己流の家事を見直すヒントにしていただければうれしいです。

家事に正解はありません。この本で紹介している「家事のきほん46」も、決して正解ではありません。家事は、それぞれの家庭の「生活の知恵の結集」です。家庭の主婦は、皆さん、自分流の哲学をもって家事を切り盛りしているはず。主婦業って、誰にでもできるものではなく、実はとても難しい仕事なのです。私は、テキパキと家事をこなす主婦（主夫）の皆さんを、心から尊敬しています。

本書の「家事のきほん46」を参考に、あなたなりの知恵と工夫を加えて、ぜひ独自の家事ルール、家事の哲学をつくり上げてください。

２０１３年３月21日

アントラム栢木《かやき》利美

CONTENTS

# 13歳からの家事のきほん46 ＊ もくじ

CHAPTER 1

## 掃除のきほん

## CHAPTER 2 片づけのきほん

# CHAPTER 3 ▼ 洗濯のきほん

CHAPTER

4

# 時間使いのきほん

CHAPTER 5

# 料理のきほん

# CHAPTER 6 裁縫のきほん

CHAPTER

1

# 掃除のきほん

cleaning

雑巾がけ・
掃除機かけ・窓拭き、
知っておきたい！
正しいやり方

# 掃除って、いつするの？

## ＊気になったときがベストタイミング！

テレビのホコリが目につく、シンクの汚れが気になる……。昨日までは気づかなかったのに、ふと気になることがありますね。

「掃除って、いつするの？」と聞かれることがありますが、私は、「ホコリが目についたとき、汚れが気になったときがベストタイミングです」とお答えします。

出かける間際《まぎわ》に、ふとテレビ台のホコリが気になったときは、サッとハタキでひと撫《な》でするだけでＯＫ。これでお掃除は終わり！

食後の食器洗いが終わったら、シンクをシンク用スポンジでチャチャッとひとこすり。換気扇《かんきせん》とガスレンジは布巾でサァッとひと拭《ふ》き。

お掃除って、難しいことでも何でもないのです。気がついたとき、気になったときに「サッ、チャチャッ、サァッ」。日々のお掃除はこれで十分です。

## ＊プチ掃除で、家はきれいに保てます！

毎日心がけることは、大きいゴミはゴミ箱に捨て、毎日、使うトイレやお風呂は使ったあと、その場で簡単にお手入れするだけで大丈夫。わたしは、日々のこういった簡単お手入れを「プチ掃除」と呼んでいます。汚れが目立っていなければ、ガッツリお掃除をしなくてもいいのです。

毎日のちょっとしたプチ掃除で、お家はドンドンきれいになります。

そのかわり、お家全体が何となくくすんで、「何だかどんよりしてきたな、サッパリさせたい！」と思ったとき。これは「お掃除の神様」からのサインです。時間を決めて、プチではなく「トコトン掃除」をしましょう。

# 汚れてなければ、お掃除しなくてもいい？

## ＊掃除は毎日しなくていい！

さて、「お掃除って、毎日しなくてはいけないの？」という質問をよく受けますが、答えは、ズバリ「汚れてなければ、お掃除は毎日しなくていい！」のです。わたしの母の時代は朝、ふとんを上げたら、ほうきで畳を掃くのが日課でした。でも、今は、専業主婦も減り、畳の生活からフローリング、ふとんからベッドになり、掃除の仕方も変わりました。

汚れが気になったときに「プチ掃除」。

ふだんはこれでＯＫです。

## ＊プチ掃除　3つの必需品

プチ掃除には、気がついたとき、すぐ手が届くところに手間いらずのお掃除道具が欠かせません。私のプチ掃除の必需品は次の3つです。

①**ハタキ**　テレビやパソコンなど、静電気で集まりやすいホコリをひと撫で。

②**カンタン布巾と霧吹き**　日頃から、履《は》けなくなった靴下やストッキング、古いタオルやTシャツなどをフタつきの籠《かご》にストックしておきます。霧吹きは乾拭《からぶ》きでは落ちない汚れ用にシュッとひと吹き。たったこれだけで、わざわざ布巾をぬらしに行く手間が省けます。使った布巾はそのままゴミ箱へポイ！

③**ブラシとスポンジ**　古い歯ブラシもプチお掃除には欠かせません。古い布たちと一緒にフタつき籠にストックしておきます。気になる窓の桟《さん》やリモコン・パソコンのキーボードなど、細かい部分に入り込んだホコリをかき出します。スポンジは、乾拭きでは落ちない汚れに、霧吹きで少し湿らせて使います。

この三種の神器《じんぎ》を入れた小さな籠を、玄関、台所、トイレ、家電まわり、ベランダの入り口など、家の中の気になるポイントに置いています。

cleaning

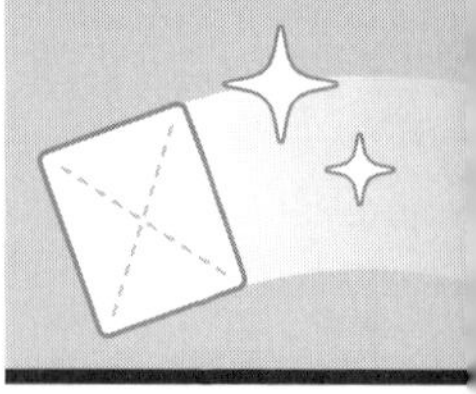

# やる気スイッチをオンにする方法は？

## ＊道具が揃えば、やる気が湧く

部屋が散らかっているのはわかっている。汚れやホコリも目立つし、掃除の神様からのサインもキャッチしている。今日、掃除しちゃえばスッキリ気持ちよいお部屋で過ごせる。でも、今すぐやらなくてもいいし、たまの休日くらいゴロゴロしていたい……。その気持ち、よくわかります。私もそう思うことしばしばです。そんなときは、まず「形から変える！」

テンションがあがるお気に入りのエプロンがあるだけで、掃除の意欲が湧いてきます。あなただけのお気に入りのエプロンを、ぜひ探してください。

ちなみに、私のお気に入りは、ポケットが6個あるデニム地のエプロンです。これで準備ＯＫ。プロのお掃除屋さんに変身です。

## ＊道具が揃えば、半分終わったも同然！

掃除用のエプロンは、ポケットがいっぱいついてるものが適しています。ない場合はバケツでもOK！　ポイントは道具を持って、移動できること。実は、たったこれだけで掃除時間がかなり短縮されます。道具が揃えば、お掃除は半分終わったも同然です。

余った時間でゴロゴロしてもよし！　気になっていたDVDを観るもよし！　きれいなお部屋で優雅に過ごす自分を思い浮かべて、さあ、トコトンお掃除開始です！

# 掃除に必要な道具って、何？

## ＊揃えたい！　便利な掃除道具

汚れは、汚れの性質に合った洗剤を使うことで掃除時間をグッと短縮できます。アルカリ性の汚れには酸性洗剤を。酸性の汚れにはアルカリ性洗剤を。「掃除って化学」なんです。

他にも、「効率のよい掃除って？」と、ちょっと頭を働かせると、あると便利な掃除道具が思い浮かびませんか？　次のページの掃除道具は、私の基本道具です。ここから取捨選択《しゅしゃせんたく》して、あなたもぜひ自分に合った基本の掃除道具を揃えてみてください。

## 私の掃除道具

―洗剤―

① **アルカリ性洗剤**　市販の掃除用洗剤はだいたいがアルカリです。アルカリ度が強いほど強力。

② **酸性洗剤**　塩酸が入っているのでトイレなどの陶器に。

③ **中性洗剤**　軽い汚れ用、鏡、窓ガラス、額のガラス面に使う。

④ **漂白剤《ひょうはく》**　バスルームなどのカビを取るのに使う。

―ブラシ―

⑤ **古歯ブラシ**　水栓の根元、タイルの目地《めじ》など細かい部分に使う。

⑥ **タイル用ブラシ**　洗面台、バスタブ、タイルに硬いプラスチックでできた大きめのブラシが最適。

⑦ **トイレ用ブラシ** こする力が強い毛の硬いブラシが最適。

— その他 —

⑧ **雑巾** 古くなったタオルやTシャツをリサイクル。十分な数を用意。

⑨ **スポンジ** 雑巾で落ちない汚れに使う。

⑩ **ゴム手袋** 比較的ゆとりのあるしっかりしたものを。

⑪ **簡易モップ** 床掃除、タイル床などに。

⑫ **掃除機** 動かすのがラクでいくつかの機能がついているものを。

⑬ **小ぼうき** 小回りがきくのであると便利。

## ＊どうしても気分がのらないときは？

道具を揃えても、どうしても気分がのらないとき？ そんなときは、歌を口ずさんでみてください。歌につき動かされて、自然とテキパキ動きたくなってきます。ウソだと思うなら、ぜひぜひ試してみてください。

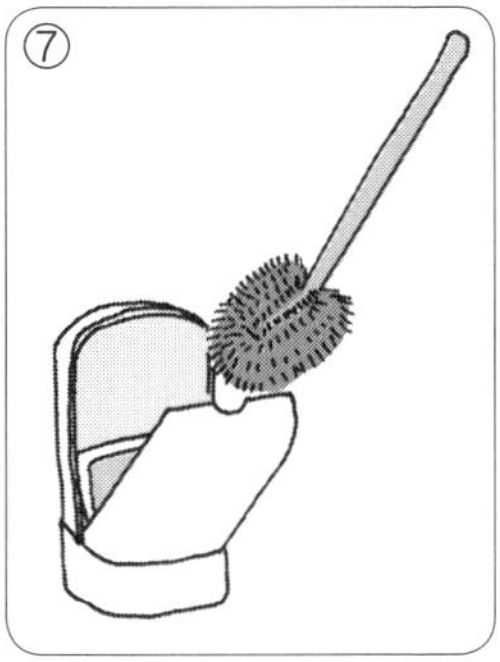
⑦

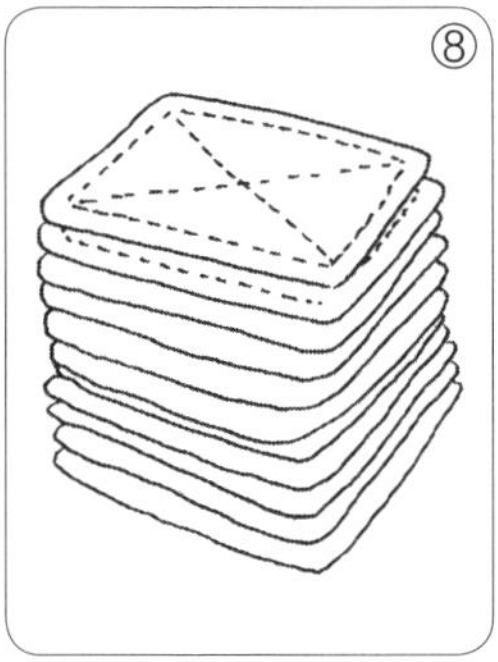
⑧

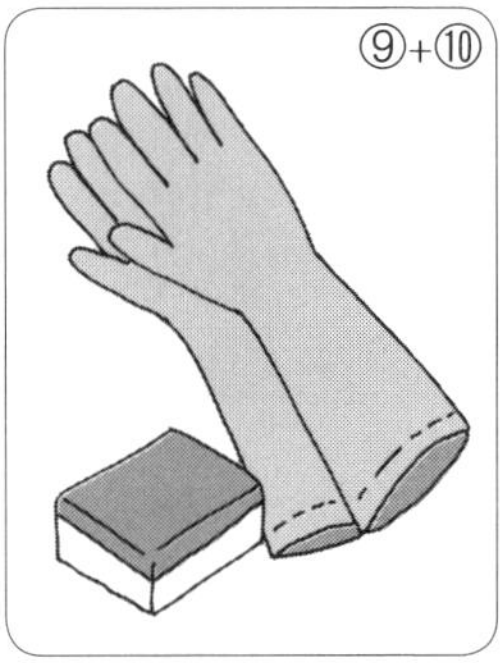
⑨+⑩

⑪

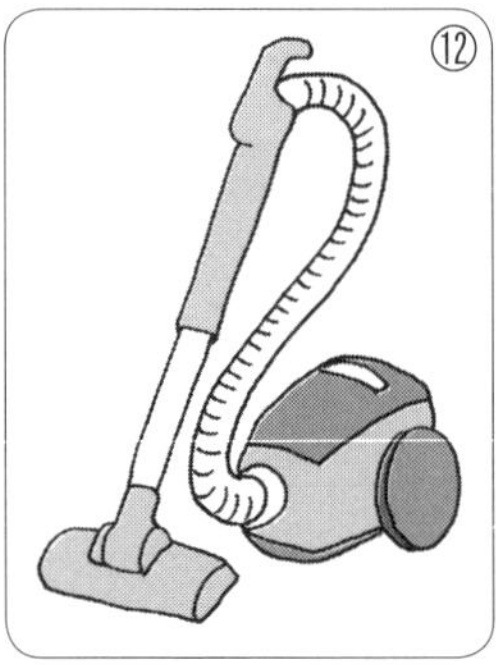
⑫

⑬

cleaning

# 『スピード・クリーニング』の6つのテクニック

## ＊掃除は手順と要領！

掃除の仕方なんて、人それぞれ。別にやり方なんてないんじゃない？　私も長年ずっとそう思っていました。ところが『スピード・クリーニング』という本に出合って、目からウロコ！　掃除のテクニックさえ身につければ、掃除が格段に面白くなることを知ったのです。アメリカでベストセラーになった『スピード・クリーニング』は各国で翻訳《ほんやく》され、またたく間に世界中に広がりました。私はその日本語訳を担当したことがきっかけで、この本に出合いました。

時間をかけず、効率的にきれいになる『スピード・クリーニング』（ソフトバンク文庫ＮＦ）は、掃除が苦手な人や掃除の仕方がわからない人の「バイブル」になったのです。私が翻訳をしながら、この本から学んだことを紹介しましょう。

## ＊「すばやく きれいに」6つのテクニック！

### ① 時計回りに一周する

▼掃除を始めたら引き返さない。動線を決めるだけで、ムダな動きを減らすことができます。

### ② 厳選された道具だけを使う

▼18ページで書いたように、これが時間節約のカギ。あなたに必要な掃除道具は厳選したものだけ。これだけで驚くほどの時間が節約できます。

### ③ 掃除の順序は「上から下」が基本

▼どこの部屋を掃除するにしても上から下です。ホコリは上から下へ落ちるもの。上のホコリを下に落として、最後に下に落ちたホコリを一掃します。

### ④ きれいになっていないのに拭き取らない

▼こすっている途中で拭いたり洗い流したりしない。仕上げ拭きは1回だけ。

### ⑤ 汚れがうまくとれないときは、強力な洗剤、道具に変える

▼汚れがなかなかとれないときは、アルカリ性洗剤を使っていたら、漂白剤、カミソリなど判断し道具を変えていく。

### ⑥ 両手を使う

▼もし片手だけなら、あなたの労働力は半分しか使われていません。拭き掃除をするときなど、両手を使いましょう。

# 掃除は自分や家族を輝かせる魔法

## ＊掃除が毎日を輝かせる！

家がきれいになることで、私の周りに起こった変化があります。それまで見慣れていた家具や家電製品、観葉植物など、お部屋を彩るそれぞれが生き生きと輝きだしたのです。ピカピカ光る家具を眺めているうちに、その1つひとつがとても大事に思えてきました。すると、もっと丁寧に、もっと大事に、もっときれいにという思いが自然に湧いてきました。

きれいなお部屋で寛《くつろ》いでいると、気持ちが豊かになる。豊かな気持ちでお部屋を見渡せば、物が愛《いと》おしくなる。気がつくと、テーブルやテレビを「いつもありがとう」という思いで拭いている自分がいました。すると、ますます物は輝きだすのです。これって、掃除の魔法だと思いませんか？

## ＊きれいを保つには家族の協力も大事

家の中で1人だけが片づけ、掃除をしていても、誰かがいつも散らかしてしまっては「きれい」は保てません。私は家族にも「掃除をすると、なんだか気持ちが豊かになるの。物を磨くと、心が磨かれる気がするのよ」と話し、ちょっとした協力をお願いしています。

主な協力はこの3つです。

①**目立つごみを拾う**

▼ゴミ箱は、動線上で1番よく通る場所に置きます。最適な大きさのものを置きましょう。

②**歩く場所にはものは置かない**

▼部屋が片づいていたら多少の汚れは気がつきません。これだけで掃除をする回数が減ります。

③**毎日使うところをそのつど拭く**

▼シンク、トイレ、バスなど毎日使うところは、使うたびサッとプチ掃除。たったこれだけで家族全員が気持ちよく暮らせます。

# トイレ掃除をすると人もお金も集まる！

## ＊トイレの神様は宝物の神様

私がトイレ掃除をするときにいつも思い出す、祖母から聞いた話があります。

「新しくお家を建てると、7人の神様が家に宿るのよ。1番最初に到着した神様は居間に、2番目の神様は食堂、3番目は子ども部屋……という具合に、神様たちはそれぞれ楽しくて居心地のよさそうなところから宿っていくの。

1番遅れて到着した神様は、他にトイレしか残っていないからトイレに宿るの。じゃあ、その神様がなぜ1番遅れてしまったかわかる？

実は、ほかのどの神様よりもたくさんの宝物を背負っていたからなのよ。重たくて少しずつしか前に進めなかったの。

だから、トイレをピカピカにきれいにすると、宝物の神様が喜んで、人もお金も集まるお家になるのよ」

このエピソードを思い出すたびに、自然とトイレ掃除に力が入ります。

## ＊トイレがきれいだと気持ちいい！

実際にトイレがきれいだと、誰よりも自分が気持ちがいいものです。

掃除をすればきれいになるのは当たり前ですが、それを習慣づけるのは大変です。私の家のバスルームはトイレとお風呂が一緒なので、私は何年も前から、お風呂に入る前に下着で便器をひと回り全部拭き、その下着を今度はお風呂で手洗いしていきます。また、お風呂を出る前にお風呂のタイルをブラシでサササッと洗い、乾いた雑巾で乾拭《からぶ》きします。こうしておくと、カビを防ぐことができ、「トコトン掃除」の回数を減らすことができます。

毎日しているので、トイレもお風呂も洗剤を使わなくてもピカピカです。あなたも毎日習慣づけるためには、何が自分に合っているか、自分なりのプチ掃除法を見つけてはいかがですか？

# トイレ掃除のやり方を教えて！

## ＊トイレ掃除に必要な道具

さあ、それでは「トイレの神様」に喜んでもらえるように、トイレをピカピカにしましょう。

**用意する道具**

① **便器用ブラシ**
② **トイレ用洗剤**
③ **古い歯ブラシ＋ビニール袋**
④ **雑巾**（トイレ掃除用シートかトイレットペーパーでもOK）

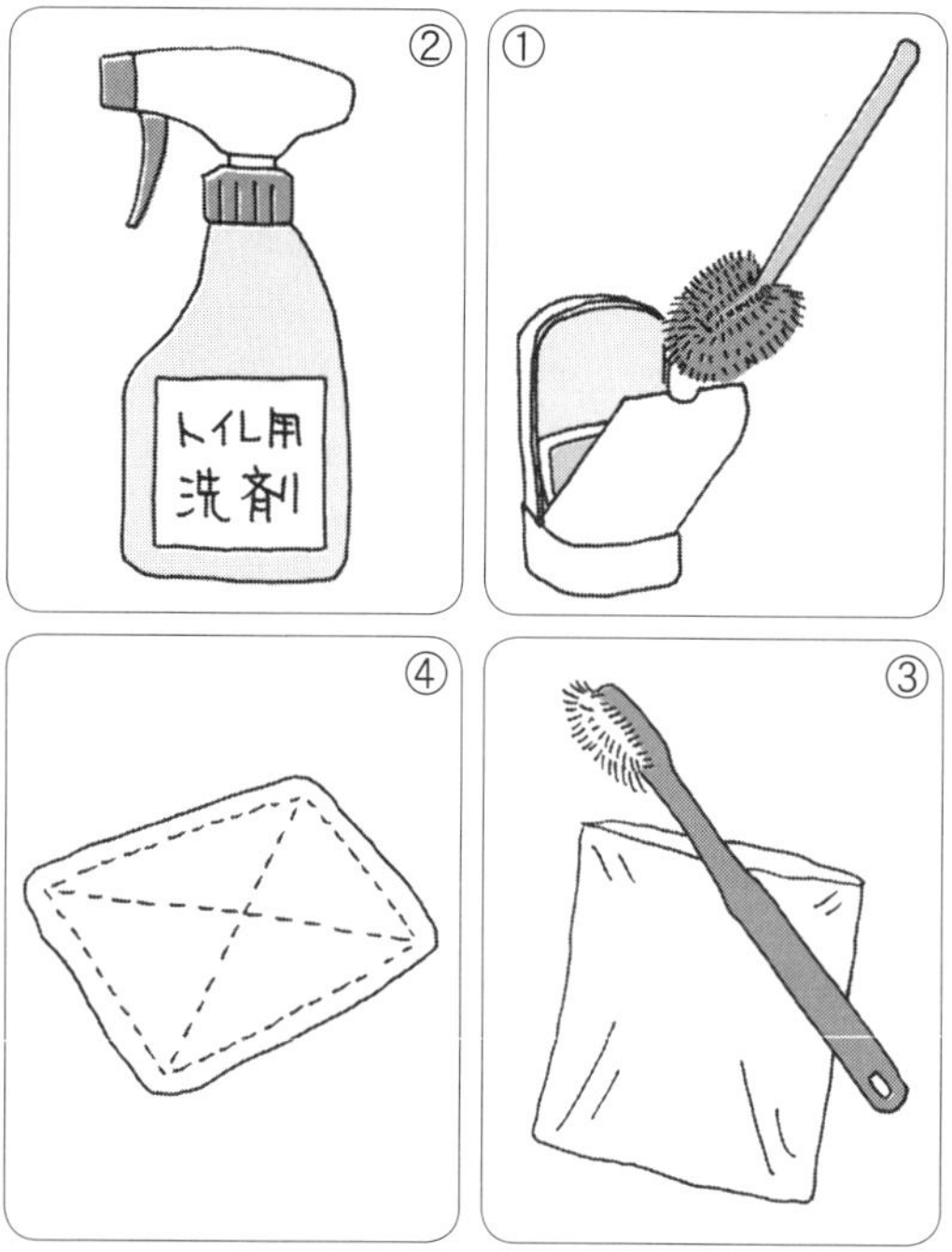

## ＊トイレ掃除の手順

①▼トイレの便座とフタを両方とも上にあげます。

②▼便座の裏にスプレーを吹きかけ、おろす。ここでは、まだ拭きません。

③▼同じく、便座の上にスプレーをかける。

④▼フタの裏にスプレーを吹きつけ、おろす。

⑤▼フタの上にスプレーをかける。ちょうつがいと便器の土台部分にも同じようにスプレーしておきます。

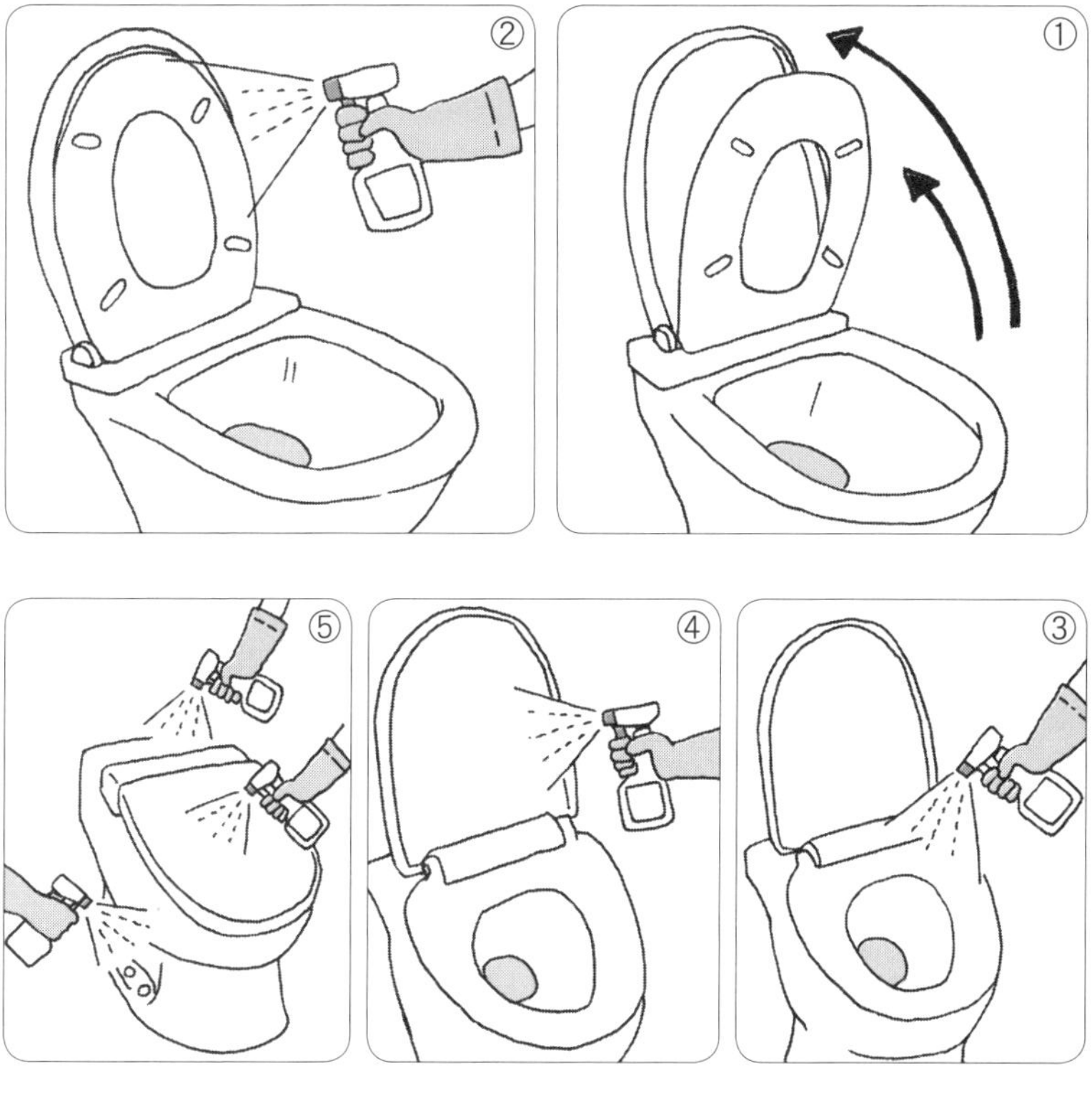

**⑥▼古歯ブラシに洗剤をつけて、細かい部分の汚れ、タイルの目地を磨きます。**

**⑦▼雑巾で窓枠《まどわく》やタンクなど、便器から離れた部分から拭き始めます。**

**⑧▼次に、便器の土台部分、金属部分、便器の縁《ふち》、床を拭きます。**

**⑨▼便器ブラシで便器の中を掃除します。**

※便器ブラシでは、便器の内側の細かい部分までブラシが入りませんね。このときに活躍するのがビニール袋と古歯ブラシです。まずビニール袋を手にはめて古歯ブラシで、便器の内側の汚れをきれいに落とします。**▼汚れが落ちたら、ビニール袋をそのまま返して、古歯ブラシごとポイと捨てます。**

**⑩▼最後にトイレットペーパー（トイレ掃除用シート）で、最初に吹きかけたスプレー剤を拭いていきます。**※順序はトイレのフタ→フタ裏→便座→便座裏。22ページでお話した掃除の順序、「上から下」の法則です。

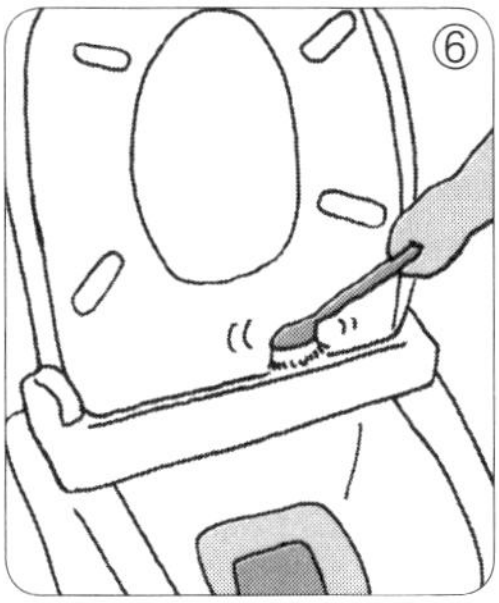


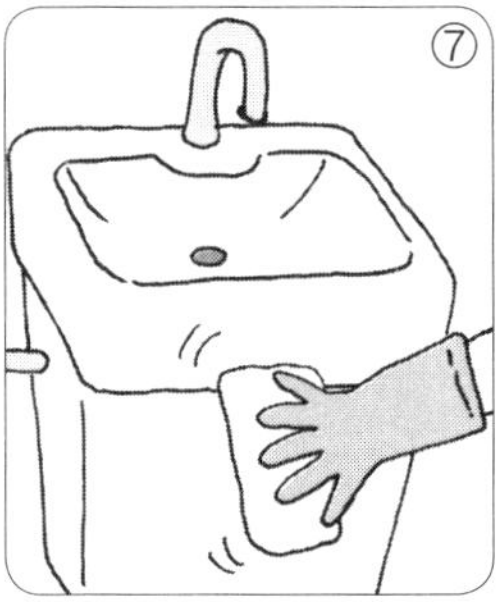


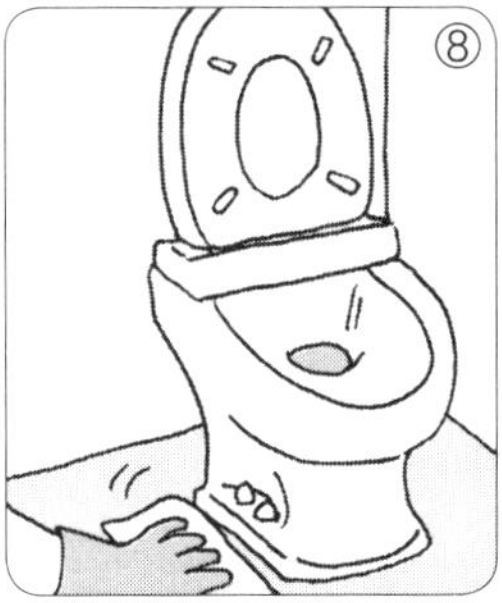


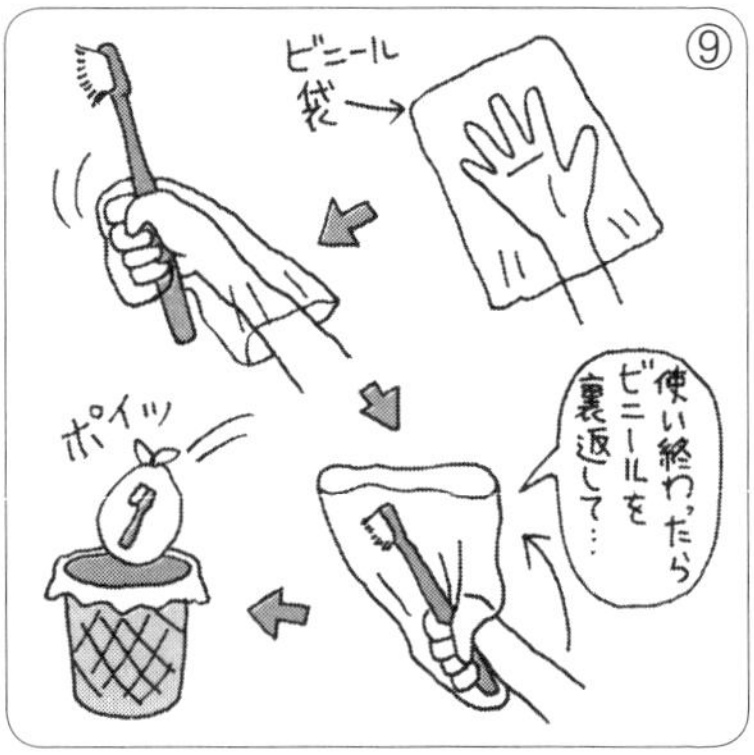


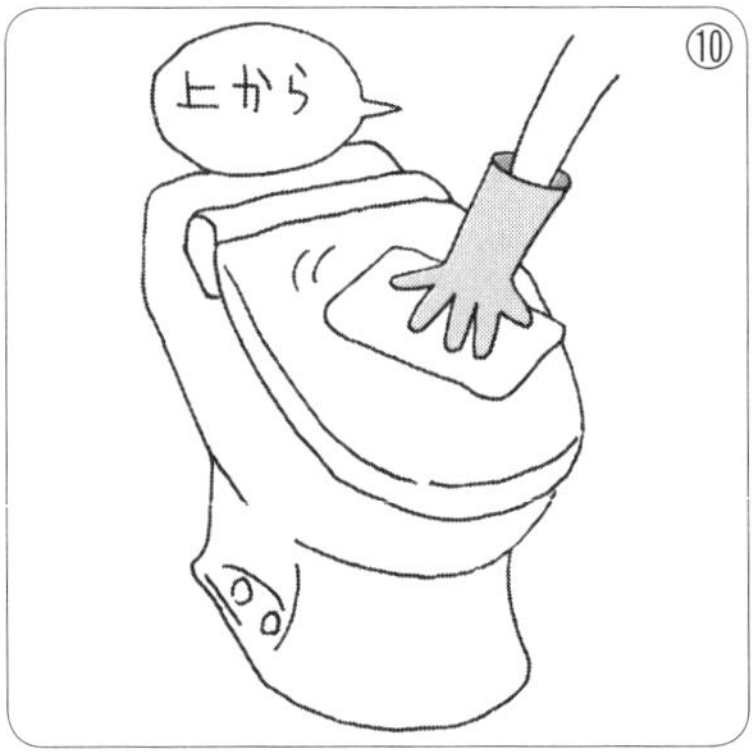

# 掃除の中で1番楽しい！窓拭き・鏡磨き

## ＊曇りのない窓は心が晴れ晴れ！

窓掃除となると、何となくおっくうに感じる方もいるかもしれません。でも、窓拭きはすぐにきれいになった効果を感じられるので、私はお掃除の中では１番好きです。曇りのない窓は心が晴れ晴れとします。また、くすんでいた鏡をピカピカに磨くと、運が良くなると聞いたことがあります。きれいになった鏡に映る自分の顔にビックリしてしまうこともありますが……。

顔の吹出物《ふきでもの》、シミ、シワがハッキリわかってしまい、きれいな鏡はこんなにくっきりはっきり映るのかと驚きます。顔には、その日の体調や心の持ちようなど、すべてが表れます。自分ときちんと向き合うことで、運を良くするのは自分次第だと気づかされます。自分の顔をチェックするためにも鏡磨きはおすすめです！

## ＊窓拭き・鏡磨きは水と新聞紙だけでできる！

たくさんの窓拭き洗剤が市販されていますが、私は、水と新聞紙だけで掃除をしています。とても簡単で驚くほどきれいになります。そのうえ、洗剤を使わないのでエコ時代のお掃除にはピッタリです。

この方法を知れば、窓拭き、鏡拭きが大好きになります。

古新聞だけで窓ガラスがきれいになり薄暗かった部屋が明るくなれば、お掃除の喜びを感じるでしょう。

**用意する道具**

A **古新聞**　B **バケツの水**　C **塩**

## ＊窓拭き・鏡磨きの手順

① **窓拭きはお天気の悪い日にする**

▼湿度の高い日や雨が降ったあとの湿り気があるときが「窓拭き日和」！　湿気が多い日のほうが汚れが浮き上がってくるので簡単に汚れが落ちます。晴れた日は、日差しが窓ガラスに反射するため、拭き残しを見落としやすくなります。ご注意を。

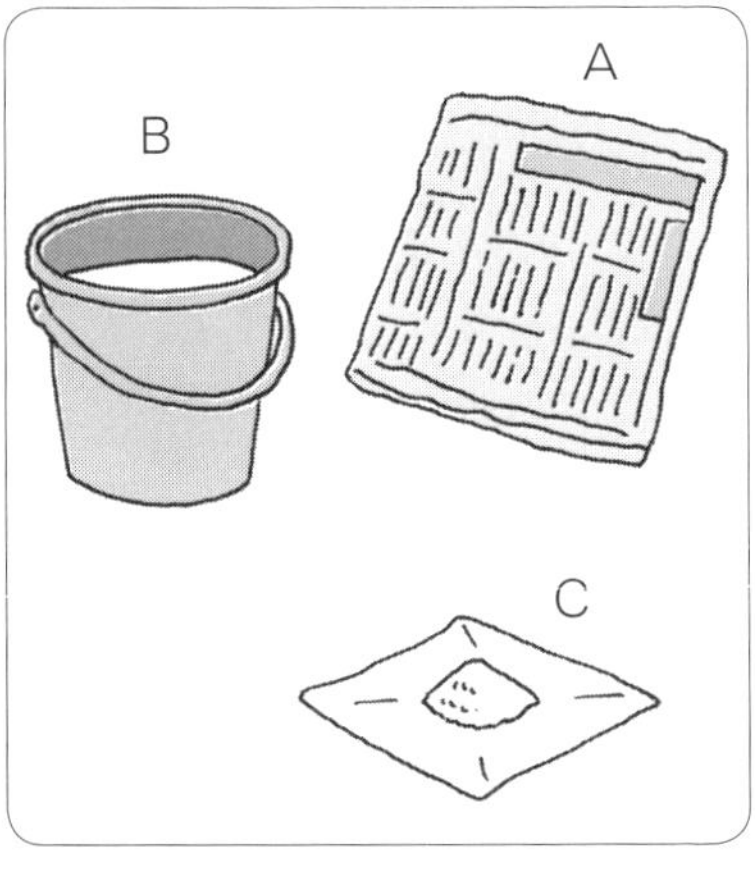

### ② 古新聞のインクが洗剤がわりになる

▼たくさんの窓拭き専用洗剤が市販されていますね。でも古新聞に勝るものはないと断言できます！　古新聞を半分ぐらいに切り、バケツの水に少しだけ浸し、軽く絞って拭きます。拭くときは掃除の基本「上から下へ」を忘れないように。

### ③ 仕上げは乾いた古新聞で磨く

▼乾いた古新聞で仕上げをします。新聞の活字に使われているインクがツヤを出してくれます。インクにはツヤを出すと同時に、汚れをつきにくくする効果もあるので、きれいさを長く保つことができます。

### ④ 塩で四隅の汚れをとる

▼窓の四隅《よすみ》の汚れをとるには、ぬらした古新聞に塩をつけてこすってみてください。簡単に落ち、窓ガラスを傷つけることもありません。

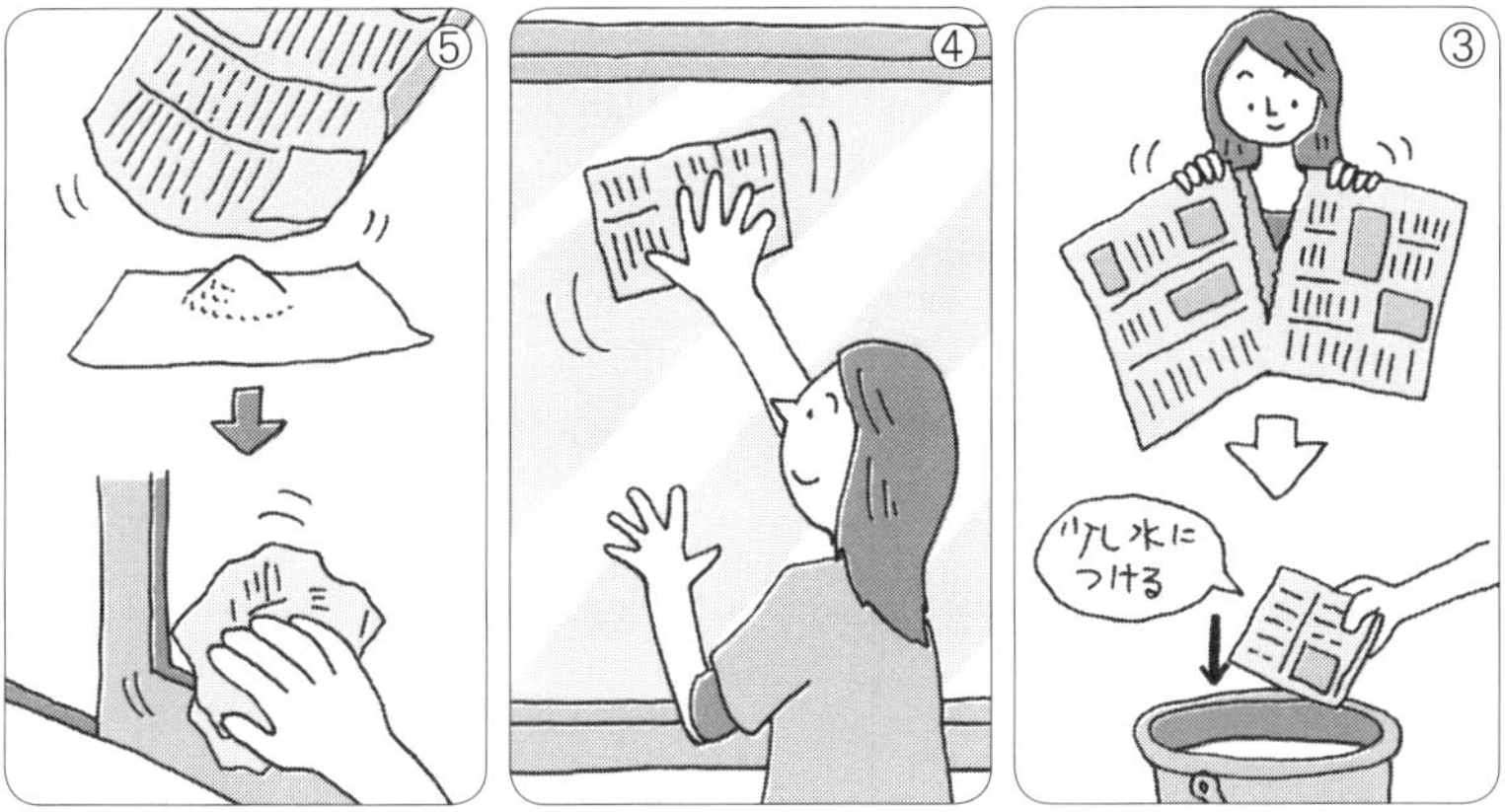

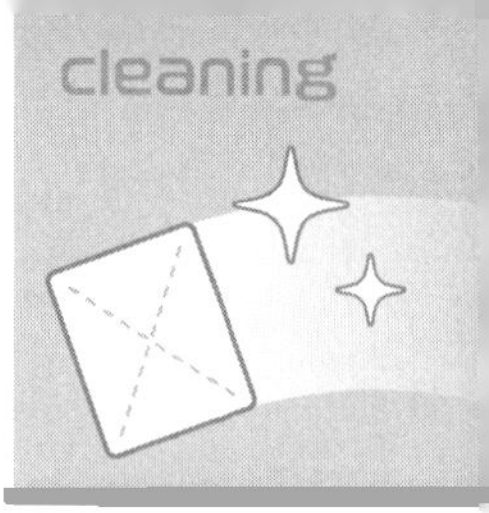


# 時間短縮！雑巾《ぞうきん》がけの裏ワザ

## ＊雑巾は1度に5枚以上用意する！

雑巾がけの何が1番おっくうかというと、汚れた雑巾をいちいちバケツで洗うこと。私も白状すると、「もう面倒くさいし、この汚れた雑巾でお部屋全部拭いちゃえ！」と、雑なお掃除になってしまうことがしばしばでした。

しかし、ある時、ふと思いついたのです。そうか、雑巾をたくさんを用意しておけば、いちいち洗って絞ってを繰り返さなくていいんだ！

そこで、私は絞った雑巾を10枚ほど用意し、掃除動線の行く先々にポンポン置くようにしました。これが効果抜群！「バケツに戻って洗って絞って、また続きを拭く」というムダな動きがなくなり、行く先々にきれいな雑巾が待っているので、床磨きも俄然《がぜん》はかどります。雑巾がけが一気に楽しくなりました。

## 雑巾の正しい絞り方

**▼雑巾絞りの基本は「縦《たて》絞り」**

**① まず、雑巾を縦に持ちます。右手が上、左手を下に。**

**② 脇を締めて内側に絞りこむようにすると、キュッと固く絞れます。**

これが雑巾の正しい絞り方です。

※雑巾での水拭きを避けたほうがよいのは、敷居《しきい》、畳の縁《ふち》、繊細な木材。これらは乾拭《からぶ》きにしましょう。水拭《みずぶ》きは素材を傷《いた》めてしまいます。

いまの時代、雑巾がけをしたこともない子もいるとかいないとか。私が子どもの頃は、教室の床掃除を友達と雑巾がけ競争したものですが……。

とはいうものの、私も今はアメリカ在住の身なので、住宅構造の違いから雑巾を使うことは少なくなりました。

ちなみに、雑巾がけを1時間すると、240キロカロリーも消費できるってご存じでしたか？　最近気になる二の腕も鍛《きた》えられるし！

そう考えて、雑巾がけを楽しんでみませんか！

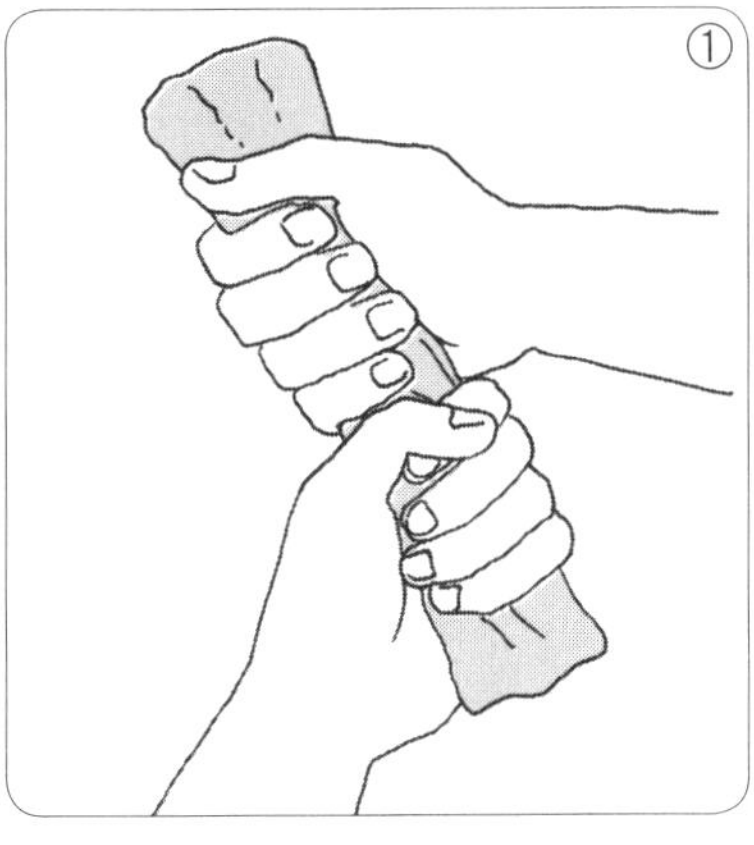


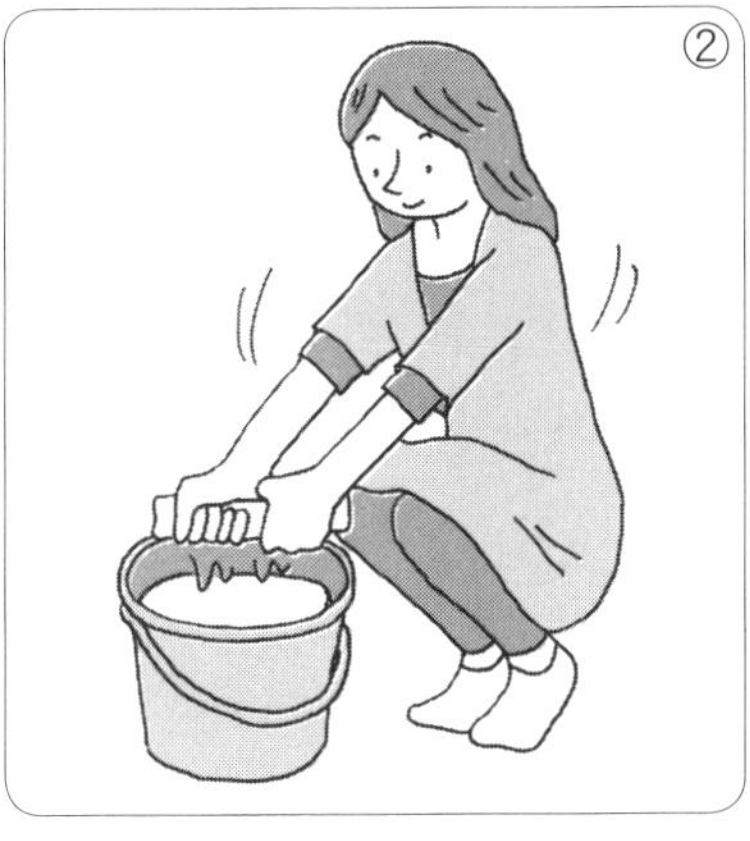

cleaning

# 冷蔵庫って、どうやってきれいにするの？

**＊冷蔵庫は誰に見られてもいいようにしておく！**

日本ではホームパーティをするとなると、最低の心構えとして玄関、トイレはお掃除をします。アメリカではそれに加えて冷蔵庫。

アメリカに住み始めた頃、パーティで知らない人が冷蔵庫を開けて、飲み物を取り出しているのを見てびっくりしました。何か隠してあるものを見られたような嫌な気分がしました。でも、トイレでも、リビング、キッチンでも開放して皆を招待しているので、冷蔵庫を開けてもマナー違反にはならないようです。テレビドラマでも友人が冷蔵庫を開けて飲み物、食べ物を出しているシーンがよくあります。誰に見られてもよい状態にしておくのがアメリカ人の心得のようです。

**用意する道具**

A **台所用洗剤** B **スポンジ** C **乾いたクロス**
D **クレンザー** E **アルコール**

## ＊冷蔵庫掃除の手順

① **庫内のものを1度すべて外へ出します**

▼新聞紙などを広げて、その上に並べるとよいでしょう。このとき、賞味期限を見ながら古くなっているものは処分します。

② **上の段からお掃除します**

▼台所用洗剤とスポンジで棚を磨き、乾いたクロスで拭いて仕上げていきます。上から下へと順に、野菜容器や保存容器もきれいに洗います。

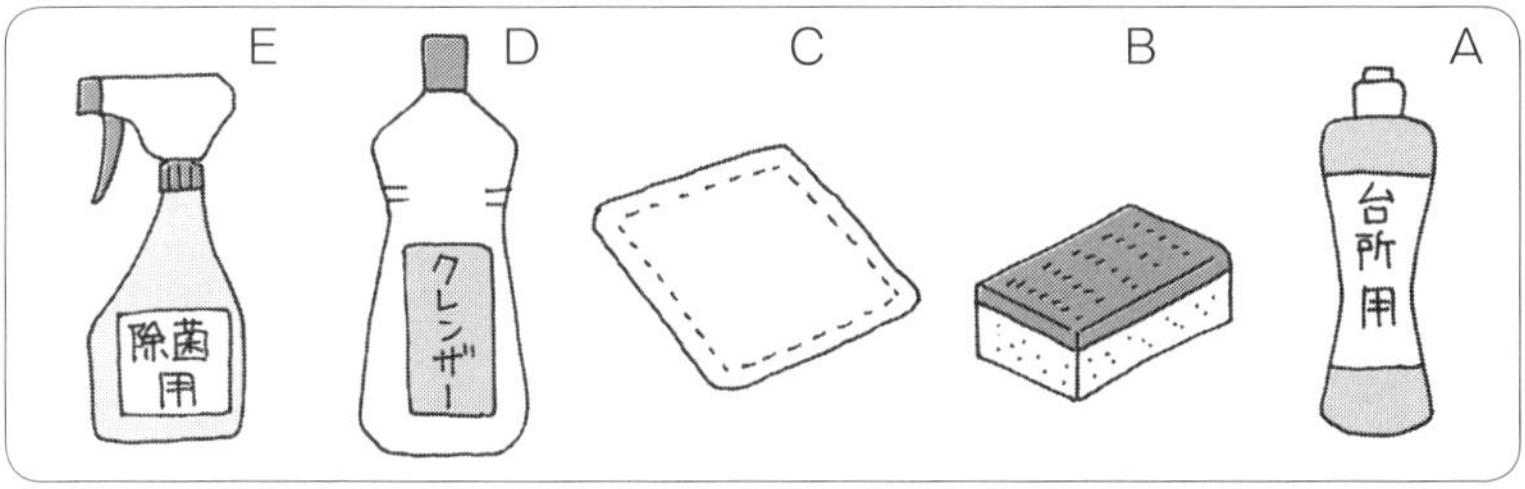

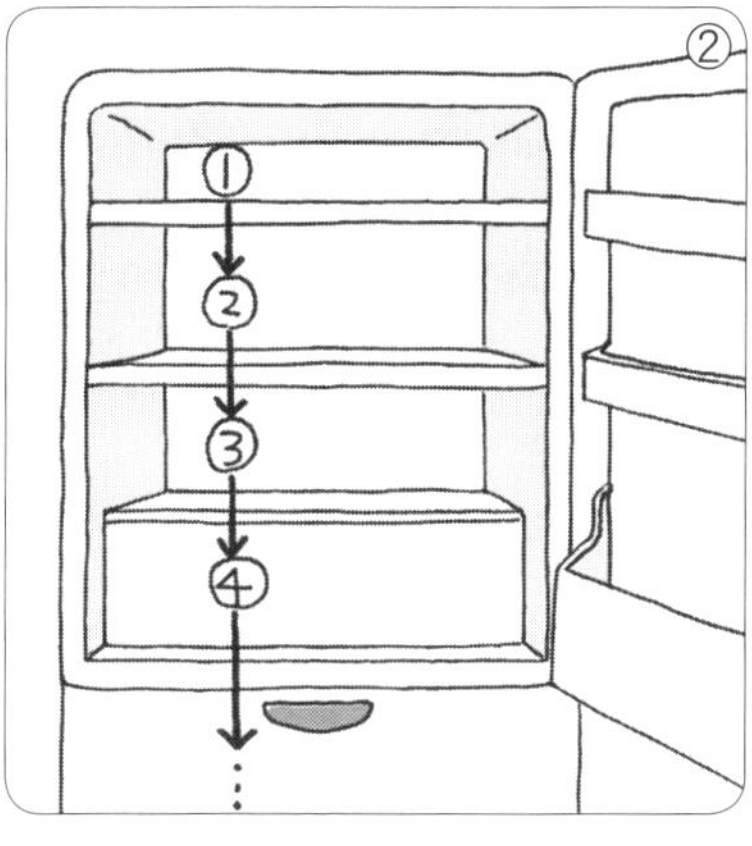

**③ ドアポケットも同様に**

▼ドアポケットも同様にものを取り出して、開いた場所を拭きあげます。

**④ 扉のパッキングも忘れずに**

▼扉のパッキングはスポンジの固い部分にクリーミータイプのクレンザーをつけ、きれいにします。

**⑤ 仕上げはアルコール！**

▼最後にアルコールを吹きつけ、仕上げ拭《ぶ》きをすると清潔さが保たれます。

## ＊整理整頓された冷蔵庫は気持ちいい！

冷蔵庫内がきちんと整理整頓され、カビや臭気がないと気分がいいものです。パーティ用でなくても、自分のために、冷蔵庫のお掃除をしましょう。

では、冷蔵庫のお掃除はいつするのがいいか？　何も毎週する必要はありません。ふだんは気がついたときにプチ掃除を。トコトン掃除をするなら、冷蔵庫内の食品が少ない時を見計らって一気にしましょう！

CHAPTER

2

# 片づけのきほん

clean up

散らかさない！
増やさない！
ムダを減らす！
今日からできる
新ルール

# 部屋が散らかる原因は何？

## ＊散らかさない一歩は「脱いだ服をどうするか？」から

見るのも嫌な散らかったお部屋……。疲れて帰宅したのに、部屋が散らかっていると、いっそう疲れが増します。

ある時、散らかりすぎて、もはや「機能停止状態」になった部屋を前に考えてみました。「このお部屋、日曜日にトコトンお掃除したときはものすごく輝いていたのに……。どうして散らかり始めたんだっけ？」

そこで、あることに気がついたのです。そう！　お部屋が散らかり始めるときって、脱いだ洋服をソファや椅子の背もたれにかけて、そのままにするから。

散らかさない一歩は「脱いだ服をどうするか？」から始まるのです！

## ＊洋服のお片づけポイント3つ！

さて、それでは脱いだ洋服を片づけるコツをお教えしましょう。私が守っているルールは3つです。

**①脱いだ洋服を洗濯するか、しないか決める**

▼洗濯するものは、そのまま洗濯籠へ入れます。

**②洗濯しないものはいったん「仮置き籠」に入れる**

▼この籠は持ち運びに便利な、持ち手がついた大きめのものが適しています。籠は詰め込みすぎて、服が溢れ出ることがないようにしましょう。あくまでも一時収納場所というルールを守ります。

**③ジャケット、カーディガン、セーターなどは裏返しにしてハンガーにかける**

▼こうしておけば裏返しが着た服のサインになり、お天気のいい日に外に干して風を通しておけば、毎回クリーニングに出さずにすみます。

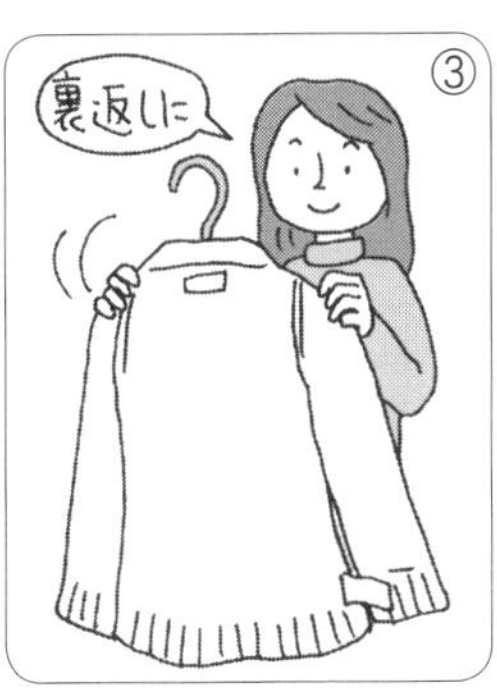

# 手紙や請求書、レシートや取扱説明書はどう片づける？

## ＊郵便物が届いたら、すぐゴミ箱の横に立つ！

家の中を見回してください。手紙や請求書、新聞、雑誌など、紙類があちこちにありませんか？　洋服の次に始末に困るのが紙類です。おそらく、ほとんど必要ないものばかりなのですが、何となく大切な気がして捨てるに捨てられません。

毎日のように届く手紙もそうですが、レシートや電気機器の取扱説明書なども、書類って次から次へと増える一方です。これらを整理せずにいると、わけのわからない紙の束があっという間にできてしまいます。

わたしがアメリカで教わった効果的な解決法の1つは「郵便物がきたら、すぐゴミ箱の横に立つ」というもの。これは、なかなか効果がありました。それでは、郵便物以外の書類はどう整理したらいいのか？　一緒に考えてみましょう。

## ＊コツは仕分けとファイル整理

―仕分け―

①**受け取り後即決**

▼テーブルや棚の上に置く前に、必要ないと明らかにわかる郵便物はゴミ箱に捨てます。

②**ジャンルごとに仕分け**

▼請求書、銀行関係、学校関係、友人関係、イベント関係などに分ける。

③**行くか行かないかも即決**

▼あなた宛てのさまざまな案内状にもその場で出欠を決めて、出かけるならカレンダーに印をつけ、「イベント関係」に招待状を入れます。出かけないのなら、ゴミ箱に捨てましょう。

## — ファイル整理 —

### ④ ファイルに入れる

▼それぞれのファイル名をきちんと明記しておきます。
ファイルの中は、新しく書類を入れるごとに不要なものを処分しましょう。

### ⑤ 取扱説明書もファイルで整理

家電製品を買うたびに増える取扱説明書や保証書。
「説明書&保証書」ファイルを作っておき、その中ですべて管理します。
最近は書類だけでなく、ＤＶＤなどに説明が入っている場合もあります。
それらもまとめて1つにしておきましょう。

### ⑥ 保険やカードの約款などもファイルで管理

健康保険やカード会社の約款《やっかん》、その他、契約書なども
1つにまとめて管理することをおすすめします。
確認したいときにすぐに取り出せます。

「とりあえず、今だけ」とテーブルやカウンターの上に載せておかないこと。とりあえず、と思った書類は処分しても後悔することは、まずありません。

# かばんの中を整理整頓する方法は？

## *バッグ・イン・バッグがかばん整理の基本

かばんの中に手を入れると、探しものが見つからず、バッグの底をかき回し、こんな狭いところのどこに隠れているの？　と思うことはありませんか？

私の義姉のバッグの中はいつも、驚くほどきれいに整理されています。整理整頓のコツを聞いてみました。ポイントは次の２つです。

**◎1週間に1度、かばんの中身を空にする**

**◎目立つ色の入れ物または、透明な入れ物に同じ種類のものを入れる**

とにかく同じ種類のものをバッグに入れる。バッグ・イン・バッグがかばんの整理の基本と言えます。

## ＊かばんの整理4つのルール

①**かばんの中のものを全部出す**　カレンダーの裏など白い紙の上が1番何が必要かわかるので最適です。要るもの、要らないものに分け、要らないものは捨てます。

②**種類ごとに分類する**　お金、鍵、化粧類、手帳、薬など、同じ種類はまとめます。

③**特徴のある入れ物に整理**　色で区別をしてもいいですし、クリアの入れ物で中がわかるものにしてもいいです。要はバラバラにせず、1つにまとめることです。

④**大事なものは「手じるし」をつける**　鍵や携帯はすぐにわかるように大きなアクセサリーなどの「手じるし」をつけると探すときに便利です。

かばんの中の探しものって、暗い場面が多いですよね。もう1つのコツは「手触り」。素材の違う入れ物を用意して整理すると、バッグの中を見なくても、自分の指の感触でわかります。

それぞれ区分けのバッグに入っていると、違うバッグに変えるときに時間短縮！　そのバッグを移すだけなので便利です。

# 散らからないルールが知りたい！

## ＊部屋が散らかると、暮らしの機能がストップする

日本語でいう「散らかっている」「乱雑」の意味は英語では「CLUTTER」。この語源は、中世英語の「塊《かたまり》」（CLOT）からきています。血栓《けっせん》が血管《けっかん》をふさいで、ときには生命の活動まで止めてしまうように、散乱物は家の中の正常な営みを止めてしまいます。「ガラクタ」や「混乱」した部屋では、掃除すら始められません。暮らしの機能をストップさせないためにも、片づけは大切なのです。

では、「散らかる原因」って、何だと思いますか？

1つは、「モノ」が多すぎること。今は何でも欲しいものが買える時代です。

どんどん買ってそのまま溜め込んでいるうちに、ものに囲まれ身動きできない状態になってしまいます。ものを増やさない覚悟が必要です。

もう1つは、「時間」。「片づける時間がない」。もしくは、「時間はあるけど、あまりにぐちゃぐちゃで、どこから手をつけたらよいかわからない」というもの。「時間のあるときにゆっくり片づけよう」と先延ばしにしていると、いつまで経っても片づきません。始めの一歩は、「3つだけ片づける」。3つ片づけたら、とりあえずよしとする。ここからスタートしましょう。

先延ばしにしてもなかなか時間はつくれません。全部やろうとせずに、少しだけでも、すぐに片づける習慣を身につけることが大切。

## ＊もう散らかさない4つのルール

**①ものの指定席をつくる** 新しいものを買ったら、どこに置くか、ものの指定席をつくります。使い終わったもの、着終わった服は、必ずこの指定席に戻します。

**②ものの数を決めて、増やさない** たとえばブラウスは3枚と数を決めて、新しいブラウスを買ったら、必ず1枚を処分。買うときは「捨てること」を覚悟して買います。「しょうがない」は禁物です。

**③今、使っていないものは捨てる** 「今、使っていないけれど、捨てるには惜《お》しい」と迷うものは、捨てるべきです。20年前に高額を出して買った服は、もしかしたら10年後に流行《はや》るかもしれません。でも今、着ないのなら処分するべきです。10年後にかび臭い服を着ると思いますか？ 答えは明快です！

**④思い出はデータ化する** 小学校時代にコンテストで1位を取った絵は一生持っていたいもの。でも、卒業以来、その絵を引っ張り出して見ることがありましたか？ 思い出は溜め込まずに、写真に撮ってパソコンで保存することをすすめます。

# クロゼットの洋服をスッキリさせる！

## ＊洋服整理に必要な3つの条件

洋服の整理は、かなりの決心が必要です。クロゼットの中を見回すと、うんざりするほどの洋服がギュウギュウに詰め込まれています。でも、この状態をつくったのも自分なんですよね。さあ、この衣類の山から脱け出しましょう。

洋服の整理をするには、まず3つの条件が必要です。

1つは「決心」。「迷ったら捨てるぞ」という覚悟のもと始めてください。

2つ目は、「1人の時に決行」すること。捨てるか残すか、家族の意見を聞いていては、このミッションは完遂《かんすい》できません。あなたの独断で敢行《かんこう》しましょう！

3つ目は、「朝から開始」すること。思いのほか、時間がかかるので、余裕をもって朝から始めましょう。

## ＊洋服整理の手順

**① クロゼットを空にする**

▼収納からすべての衣類を出します。１つ残らすべてを床に並べます。

**② 大きめのダンボール箱を3〜5用意する**

▼ダンボールは区分けするために使います。箱だと途中で作業を中止しても部屋の端《はし》に仮置きすることができます。ダンボールには、マーカーで「捨てる」「着る」「寄付」「修理」など必要な項目を書きます。

**③ 洋服の仕分けをする**

▼この服はどこに当てはまるか考えます。「ボタンがない」、「裾《すそ》上げが必要」、など、着るけど修理が必要な服は「修理」に仕分けます。

**④ 着る目的がイメージできる、わくわくする洋服を残す**

▼最後に「着る」の箱を再チェック！「ディナーに着ていこう」、「明日学校に着ていこう」など、楽しいイメージが湧くものを残します。持っていて、うれしくなるような洋服ばかりが並ぶクロゼットは、開くたびに心が弾《はず》みます！うんざりクロゼットとは、これでおさらばです。

# ラベルつけでムダが激減《げきげん》！

## ＊ラベルが片づける場所を知らせてくれる

ある日、友人の自宅に招かれて、衝撃《しょうげき》を受けたことがあります。その友人の自宅はクロゼットから引き出し、戸棚の中とあらゆるものにラベルがついているのです。さらに驚いたのは、キッチンに縦長の小さなプラスチックボックスがあり、ここにアルファベットごとにカードが並べられ、それを見るとどこに何が収納されているかがわかるのです。まるで、図書館で本を探すときの索引《インデックス》のようです。

「これなら、どこに何があるかがすぐにわかって便利ね」と、私が言うと、「このラベルは、物の場所を知るというよりも、片づける場所を知るのに一番活躍してくれるの！」とひと言。これには目からウロコでした。

たくさんの買い物をして戻ってきたときに、しまう場所がわからず、「とりあえず収納」してしまうことが多い私。

その結果、いざ必要という段になって、どこへしまったかがわからなくなり、時間をかけて探しても結局見つからず、また同じ物を買ってしまう……。こんな時間もお金も労力もムダにしてしまった経験が何度かあります。

そのたびに苦い思いをしていた私は、早速、真似をしてみました。すると、整理整頓以外の思わぬ効果が得られたのです。

## ＊時間のムダ、お金のムダがなくなった！

まず、時間のムダがなくなったこと。必要なときに必要なものがパッと取り出せることに感動！　これまで、探しものにけっこう時間がかかっていたことを痛感しました。また、物をしまうときにも、あれこれ迷う時間をかけずにラベルの位置に物をしまえばいい！　家の中が整理できるのはもちろんですが、時間のムダが減ったことはうれしい発見でした。

もう1つは、ムダな買い物をしなくなったこと。

ラベルを貼ることで、洗剤や調味料などの在庫をきちんと把握できるようになったのです。

これまでは、調味料の在庫、洗剤類などのストックは全部一緒くたにごちゃっと収納していましたが、種類別にしまうようにすると、戸棚を開いただけで「ストックの有無《うむ》」が一目瞭然《いちもくりょうぜん》！　これで、「在庫があるのに買ってしまう」というムダがなくなりました。

また、今まで「あ、かわいい！」「これ、便利そう！」と、思った瞬間に買い物籠に商品を入れていた私ですが、買い物をするときに、「これをしまう指定席はあったかな……」と、ひと呼吸置いて考えるようになりました。

ラベルを貼ることで、指定席のないものは極力買わないようにしようと自然に買い控えるようになったのです。これって、すごくないですか？

このような私自身の効果からも、ラベル貼りはぜひおすすめです。

## ＊どこにラベルを貼る？

### ①収納ボックスにラベルを貼る

▼ボックスには、箱の中身がすぐ分かるようなラベルが必要です。「雑貨」「文房具」「洗剤」など、おおざっぱな表現ではダメです。文房具なら、はさみ、カッター、のりと道具名を明記。実際に中を見なくても何が入っているかわかるようにします。全部の箱を探し回るよりは時間をセーブできます。

### ②戸棚にもラベルを貼る

▼しまうもののラベルを戸棚に貼ると、中のものがゴチャゴチャにならずにすみます。買ってきた食料品を戸棚にしまうとき、どこに置けばよいか迷うことがなくなり、とりあえずの収納をしないですみます。特に子どもは、この方法でお手伝いをしながら、整理の仕方を学ぶことができます。

### ③冷凍する食材には日付を入れる

▼冷凍庫に入れたものは、数日経つとどれも見た目が同じようになります。ジッパーつきの袋に冷凍する食品を入れたら、油性マジックで日付と食品名を書きます。これでいつ冷凍したものかわからなくて捨てることがなくなり、お金の節約になります。

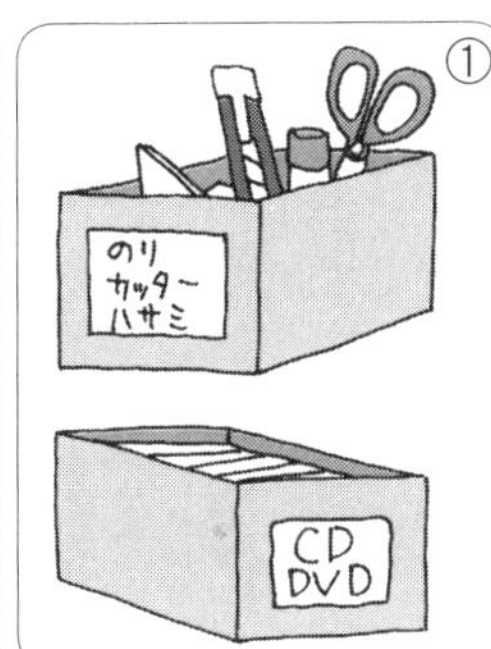

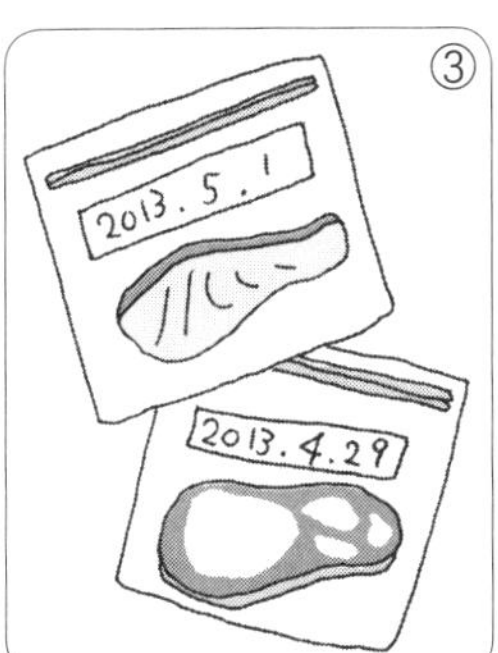

# どうしても片づけられないときは？

## ＊片づけは自分のためにするもの

片づけようと思っても面倒くさい、ゴミぐらいで死ぬわけない、などと思っていると、片づけられません。

そんなときは、お客さんを自分から呼ぶのです。いくらなんでも、人を招くとなったら、足の踏み場もないところを、せめて座れる場所にするのではないでしょうか？

アメリカの家が片づいているのは、人を呼ぶ習慣があるからだと思います。私も月に2度は友人を招きます。そうなると、どんなに風邪で調子が悪いときでも、片づけざるをえません。リビングとトイレ、キッチンを30分できれいにします。

部屋がきれいに片づくと心も落ち着きます。これは、お客さんのためではなく、自分のため。最後に花を花瓶《かびん》に生け、部屋にアロマキャンドルをつけるか、アロマスプレーをします。すると、気分が晴れ晴れとします。

お客さんを呼ぶのが目的ですが、片づけは、実は自分のためにするのです。

## ＊お招きするときのポイント

### ①気軽な友人を呼ぶ

汚いところを見せられない、恥ずかしいなどという気持ちはぜったいに持たないこと。人を呼ぶのは自分の片づけのお手伝いに呼ぶぐらいの気持ちで呼びます。だから、まずは気軽な友人から呼びます。

### ②まず、1部屋だけをきれいにする

部屋が決まったらその部屋だけを片づければいいのです。他の部屋はメチャクチャでも、まず1部屋をきれいにすることから始めましょう。

**③ 整理整頓は1日5分**

次のページのプチ整頓をしましょう。それだけで気分が変わります。

**④ 仕上げには花を生ける**

部屋の中に花があるだけで、気分が上向きになります。何もわざわざ買ってくる必要はありません。道に咲いている草花でもいいのです。生きている花が心を和《やわ》らげてくれます。

**⑤ 最後には部屋に香りを**

部屋に入るなりいい香りがすると印象が変わります。部屋でお香《こう》を焚《た》いてもいいですし、アロマスプレーやキャンドルも効果的です。

# あっという間にキレイ！5分間整理術



## ＊見えるところを片づければ、なんとかなる！

片づけが大変だと思っている人は「片づけは時間がかかる」、と思っているからではありませんか？　でも、部屋の片づけが5分でできるといったら、あなたもやってみようと思いませんか？　私も、いつも面倒だと思っていたのですが、夫に教わった方法ですぐにできるようになりました。お客さんが来るとなったら、この手です。

見えるところを片づければ、なんとか片づいて見えるものです。

細かいところまで、きれいにしようと思わずに、まずは見えるところだけをきれいにしましょう。これができるようになったら、細かいところを整理すればいいのです。ちょっと試してみてください。プチ片づけの時間は5分です。

## ＊プチ片づけの手順

**①大きなゴミを拾い、ゴミ箱に入れる**

▼まずは床に目を向けます。目につくゴミを拾ってください。掃除機やほうきではく時間がないときはこれで充分。

**②ダイニングテーブル、コーヒーテーブルの上に何も置かない**

▼1番目につくところが何もなければ、片づいているように見えるもの。お客さんがくるときなどは1番効果があります。テーブルの上のものは隣の部屋へ移動。あとで整理すればＯＫ！

**③新聞、雑誌などは、指定席に戻す**

▼マガジンラックなど、それぞれの指定席に移します。それぞれの指定席がない場合はボックスに入れひとまとめにして、後から指定席を作ってあげます。

**④向きのあるものを揃える**

▼スリッパ、靴、クッション、椅子《いす》など向きのあるものは整頓する。横向きは横向き、縦向きは縦向き、バラバラのものを同じ方向に揃え、整頓するだけで、片づいているという印象を与えます。

**1つのところを片づけ始めたら、そこだけに時間をかけないこと。5分という限られた時間でするのですから、片づけは見えるところだけ。時間に追われるので体が自然に動きます。**

CHAPTER

# 3

# 洗濯のきほん

washing

清潔に洗って、
シミ抜きもバッチリ！
ビシッと干して、
楽しくたたむ！

# 洗濯機には最初に何を入れるの？

## ＊洗濯の仕方で洗浄効果はまったく違う！

さらっとふんわりした肌ざわり、石鹸《せっけん》のほのかな香り。よく乾いた洗濯物って、本当に気持ちいい！　だから、私は家事の中でも洗濯が好きです。

洗濯なんて、衣類を押し込んでスイッチを押すだけなんだから、誰がやっても同じだと思ってませんか？　ところが、洗濯の仕方によって、その仕上がり、衣類の寿命、色合いはまったく変わってきます。

たとえば、あなたがふだん洗濯をするときに、洗濯機には何を最初に入れますか？　洗濯物？　お水？　洗剤？　正しい順番は、最初に水、次に洗剤、最後に洗濯する衣類です。実は、この順番が違うだけで、同じ時間をかけても洗浄力《せんじょうりょく》には格段の差がつくのです。

## 用意する道具

A **洗剤**（弱アルカリ性、中性洗剤） B **柔軟剤**
C **洗濯ネット** D **洗濯ばさみ** E **漂白剤**

## ＊洗濯の手順

① **洗濯機のスイッチを入れたら、まず、水かぬるま湯を入れます。**

② **次に洗剤を入れ、洗剤を十分に溶かします。**

▼特に、粉石鹸の場合は水かお湯で溶かし、ダマにならないように注意しましょう。

③ **洗濯物は最後に入れます。**

▼全自動洗濯機の場合は、専用の注入口に洗剤を入れ、衣類に直接かけないようにしましょう。

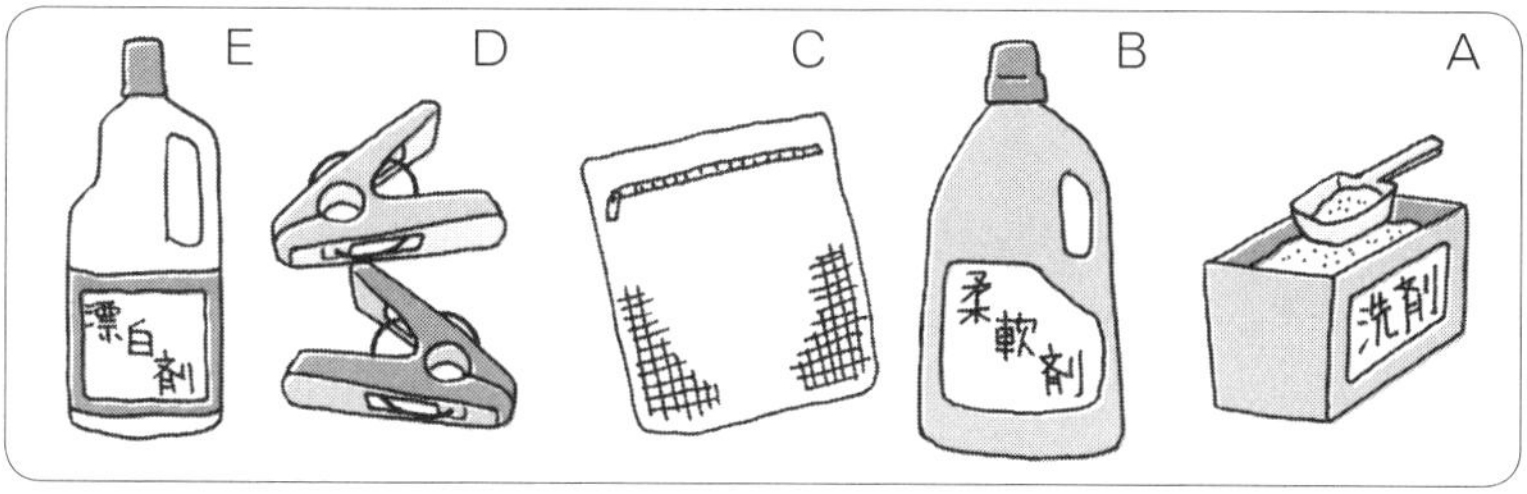
A
洗剤
B
柔軟剤
C
D
E
漂白剤

②＋①
水かぬるま湯を入れてから….

③
洗濯物は最後に入れる
全自動の場合は各洗濯機の専用注入口に洗剤を入れる

柔軟剤は、洗濯物をふんわりと仕上げるために入れますが、静電気の防止にもなります。すすぎ洗いの最後に入れましょう。全自動洗濯機の場合は、柔軟剤専用の注入口に入れます。

柔軟剤と洗剤は働きが相反するもので、洗剤と柔軟剤を一緒に投入しても、まったく効果はありません。洗剤は最初、柔軟剤は最後と覚えてください。

洗剤はたくさん入れれば、よく落ちるというものではありません。少量でも十分な洗浄力のあるパワフル洗剤もあります。必ず、表示の量を守りましょう。

衣類は、洗濯機に入るだけギュウギュウに押し込むのではなく、水の中で衣類が泳げるくらいが適しています。入れる順番は、大きなものを下に、軽いものを上にしましょう。そのほうが水の動きがよくなり、汚れもよく落ちます。

# 洗濯物は、何でも一緒くたに入れていいの？

**＊きれいな仕上がりは、洗濯前の下準備にあり！**

洗濯を上手にするコツは、洗濯を始める「前」にあります。始める前のコツさえ覚えれば、あとは洗濯機におまかせ。たった5つの下準備で、洗濯物は驚くほどきれいに仕上がります。

洗濯表示マークの確認を先にするだけでかなり時間がセーブできます。この洋服は洗濯機で洗えるのか。漂白剤を使ってもいいのか、いけないのか。アイロンの温度はどれくらいがよいのか……など、その洋服の特徴《とくちょう》と指示がわかります。マークの意味は、67ページの表で確認しましょう。

## ＊下準備5つの鉄則

①▼まず、白物と色物に分けます。

②▼ポケットにティッシュや紙類、ボールペンなどが入っていないか確認し、ポケットを空にする。

③▼ファスナーが開いていたら閉める。ホックはかける。

④▼デリケートな衣類、ボタンが多い衣類、絡《から》みやすいひものある衣類は洗濯ネットに入れる。

⑤▼セーター、色柄ものの服（色落ちを防ぐ）は裏返しにする。

タオルやシーツ、足拭きなどの糸くずが出そうなものは、別にして洗いましょう。洗濯機から出したときに他の衣類が糸くずだらけになってしまい、洗濯前のほうがきれいだったのに……という事態を防ぎます（実は、今でも、私が時々やってしまう失敗です）。

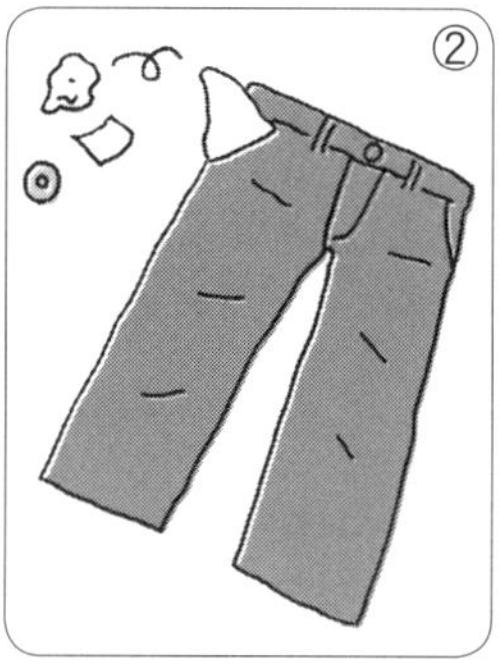

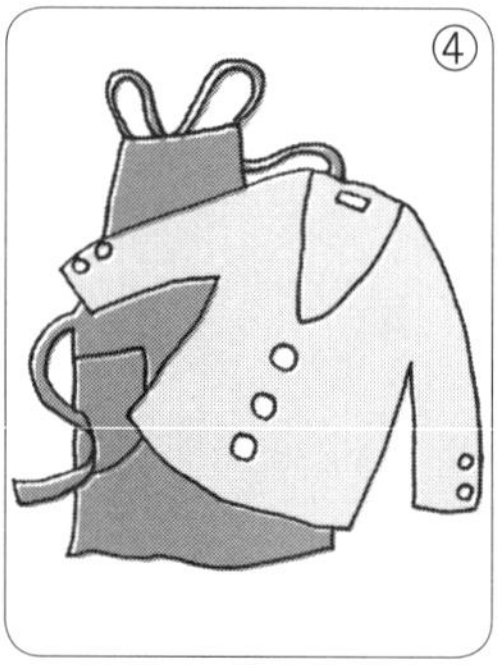


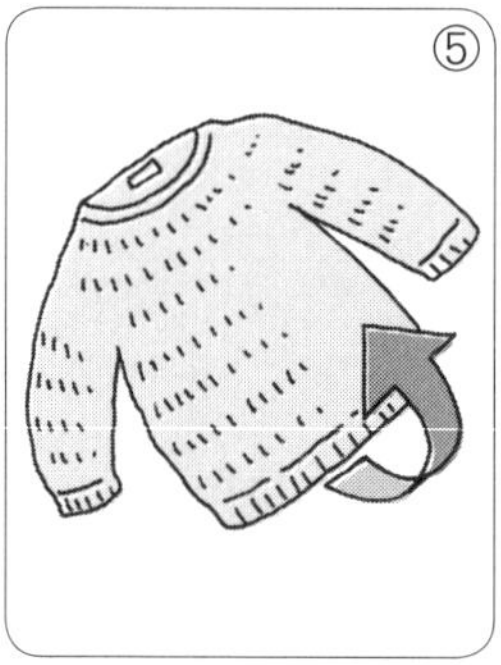

## 洗い方

◀液温は95度を限度とし洗濯できる

◀液温は60度を限度とし洗濯できる

◀液温は40度を限度とし洗濯できる

◀液温は40度を限度とし洗濯機の弱水流または弱い手洗いができる

◀液温は30度を限度とし洗濯機の弱水流または弱い手洗いができる

◀液温は30度を限度とし弱い手洗いができる

◀手洗いできない

◀液温は30度を限度とし洗濯機の弱水流または弱い手洗いができる。中性洗剤を使う

◀液温は40度を限度とし洗濯できる。ネットを使用する

## 干し方

◀つり干しがよい

◀日陰のつり干しがよい

◀ひら干しがよい

◀日陰のひら干しがよい

## 塩素漂白の可否

◀塩素系漂白剤による漂白ができる

◀塩素系漂白剤による漂白ができない

## アイロンのかけ方

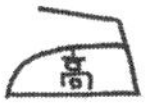

◀210度を限度とし高い温度（180～210度）で掛ける

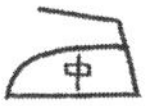

◀160度を限度とし高い温度（140～160度）で掛ける

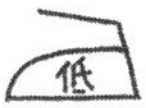

◀120度を限度とし高い温度（80～120度）で掛ける

◀アイロン掛けはできない

◀210度を限度とし高い温度（180～210度）で掛ける。当て布をする

※イラスト下の 〜 は当て布をすることを示す

## ドライクリーニング

◀テトラクロロエチレン又は石油系溶剤を使用してドライクリーニングする

◀石油系溶剤を使ってドライクリーニングする

◀ドライクリーニングできない

## 絞り方

◀手で絞るときは弱く、遠心脱水の場合は短時間でしぼる

◀絞ってはいけない

# シミがあったらどうする？

## ＊お気に入りの洋服を元通りにしたい！

お気に入りの洋服でいざお出かけ！　というときに、胸のまん中にシミを発見。

途《と》端《たん》にお出かけテンションが急降下……などということありませんか？

せっかく気に入って買った洋服。

ほんの小さなシミ1つでもう着られないなんて、あまりに残念ですよね。シミさえなければ、と悔やまれます。

でも、もう大丈夫！

秘伝のシミ抜きテクニックで、大好きな洋服が元通りになりますよ。

## 上手なシミ抜きのポイント

**▼これがシミ抜きの基本です！**

① シミが服についたらすぐに処置すること。時間が経つほど、シミは取りにくくなります。

② 水性のシミは水で、油性のシミは油性のベンジン、またはクレンジングオイルで落とす。

**◎水性のシミになるもの**

醤油、コーヒー、お茶、ジュースなど

▼すぐに水で洗う

**◎油性のシミになるもの**

チョコレート、食用油など

▼ベンジン、クレンジングで洗う

▼ジュース・味噌汁など、色のついた液体も水性なので、すぐなら水だけでかなり落ちます。シミになるかは時間との勝負。時間が経つほどシミになります。

▼ほかにも、裏ワザとして、次の3つのものがシミ抜きに効果を発揮します。身近にあるものを使って対応することで、時間とお金の節約にもなります。

◎果汁 ⬇「お酢」でシミ抜き

◎インク ⬇「レモン」でシミ抜き

◎コーヒー、紅茶 ⬇「炭酸水」でシミ抜き

▼これらをこすらずに、裏にタオルなどを当て、トントンと叩くようにシミを抜いていくと、驚くほどきれいに落ちます。

washing

# 洗濯物はどう乾かすの？

## ＊太陽の力で乾かす、外干しがおすすめ！

洗濯が終わったあとの衣類はどうしますか？　方法は２つ。乾燥機を使うか、外に干すかです。

アメリカではほとんどの人が乾燥機を使っています。１９４０年代から、70年以上も乾燥機が使われているのですから、アメリカ人にとって「洗濯物を外で干す」なんてことは発想の大転換が必要です。私の住んでいる街でも外に干している人は１人もいません。

でも、私は断然外干し派。太陽の下でカラリと乾いた洗濯物の気持ちよさは、乾燥機では得られません。それに乾燥機を使うより、電気代は節約できるし、衣類の型崩れも防げ、長持ちするなどのメリットがあります。

外干し推進派の私は、アメリカで出版した本でも「外干し」をすすめましたが、読者からはプライバシーを外に出せないと、賛同を得られませんでした。しかし、エコ時代に突入した今、アメリカでも、環境を考えるエコロジストたちの間で少しずつ意識の変化がみられます。エコのためにも外干し！　長年、外干しをしてきた日本人の知恵を紹介しましょう。

## ＊洗濯物を干してみましょう

**①脱水が終わった衣類は、すぐに干しましょう**

脱水後の衣類をそのままにしておくとシワだらけになってしまいます。衣類は脱水機のなかでギュッとねじれた状態になっているので、ほぐすためにパンパンと振ります。

**②洋服同士がくっつかずに、風の通りがよくなるように干しましょう**

長いものや厚手のものは乾きにくいので外側に干します。ハンガーの間隔はできるだけ空けるようにしましょう。

ワイシャツやブラウスの襟《えり》や袖口《そでぐち》は手で軽く叩き、シワを伸ばしておきましょう。乾いた後のアイロンがけが楽にできますよ。

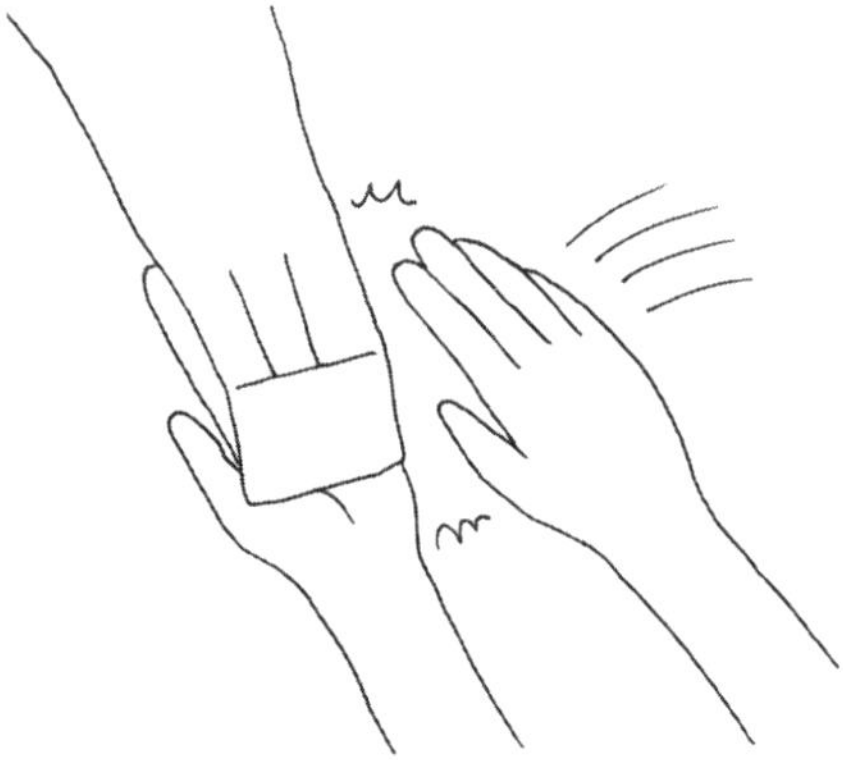

綿、麻、レーヨンは直射日光にあたると色落ちするので、必ず裏返しにして干しましょう。ソックスはかかとを下にすると口のゴムが長持ちします。

ボタンがある服は一番上だけを留めて干します。洋服が乾くときに、ボタンホールが変形するのを防ぐためです。

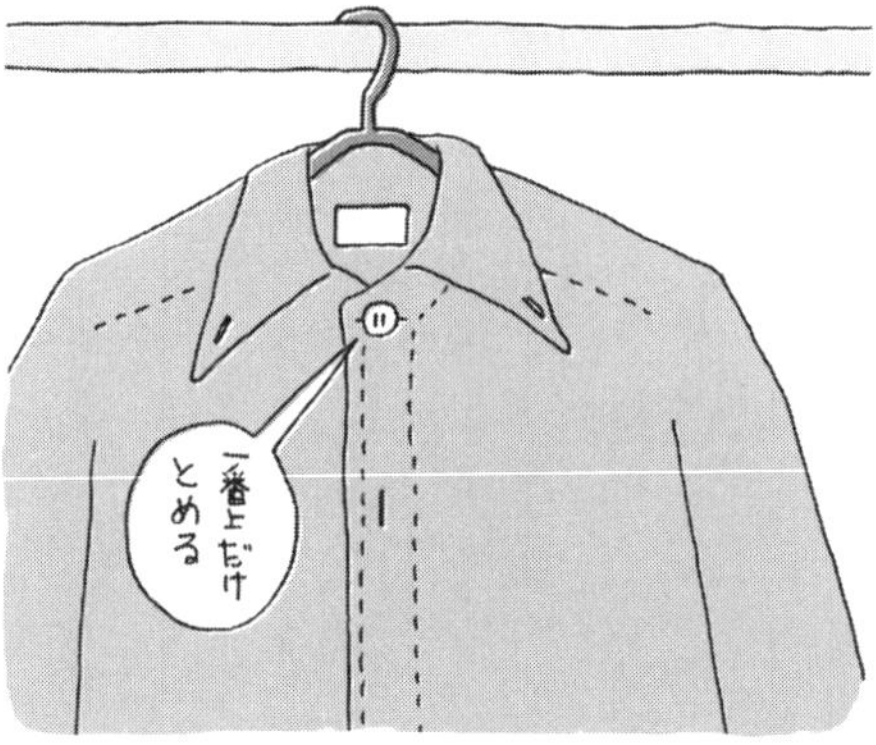

# 乾いた洋服はどうたたむ？

## ＊ゲーム感覚を取り入れる

洗濯は好きだけど、洗濯物をたたむのは嫌い……、そんな声をよく耳にします。洋服をたたむのが嫌で、洗濯ハンガーから直接とって着て、たたむ時間を省いている人もいます。確かに洗濯ものをたたむのは面倒くさいですよね。

そこで、私の提案は「ゲーム感覚を取り入れてみる」というもの。

今、ＹＯＵ ＴＵＢＥで話題になっている「５秒でＴシャツをたたむ方法」をご存じですか？

これを見た男の子たちが競うようにＴシャツをたたむのを楽しんでいるということを聞きました。私も試してみましたが、なるほど。洗濯物をたたむのが、少し楽しくなりました。実際の映像をご覧になりたい方は、ぜひYOU TUBEで検索してみてください。

ほかに、私がゲーム感覚を取り入れている方法は、「10分、7分と時間を決めて、必ず時間内に終わらせる」というもの。

古典的な方法ではありますが、自分との競争も、漫然《まんぜん》とたたむよりは、面白く感じますよ。

## ＊洗濯物をたたんでみましょう

洗濯物はバスタオルなどの大きな物からたたみ、ソックスなどの小さい物は最後に。大きなものから片づけると、洗濯物の量が早く減っていくので、達成感も早く感じられます。また、少ない洗濯物の中からならソックスの組み合わせも早く探すことができます。

先ほど紹介した、YOUTUBUで大人気の「5秒でTシャツをたたむ方法」の手順をイラストで紹介しましょう。

## たたみ方の手順

**イラストの横線とA、B、Cの点を意識してスタート！**

**1**▼スペースのある場所で、**Tシャツを①のイラストのように左側に襟《えり》がくるよう広げて置き**、画像の「**A、B、Cの点**」と「**それらを結ぶ線**」を意識し頭に入れておきます（A~Cの線はたたんだ時の脇線になり、Bが折りたたんだ最下部になります）。

**2▼左手でAを、右手でBをしっかりつまみます。**

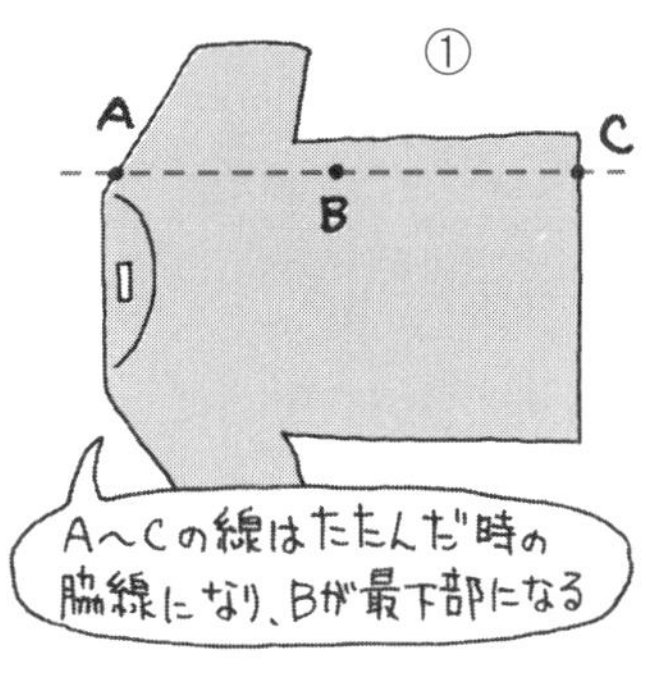


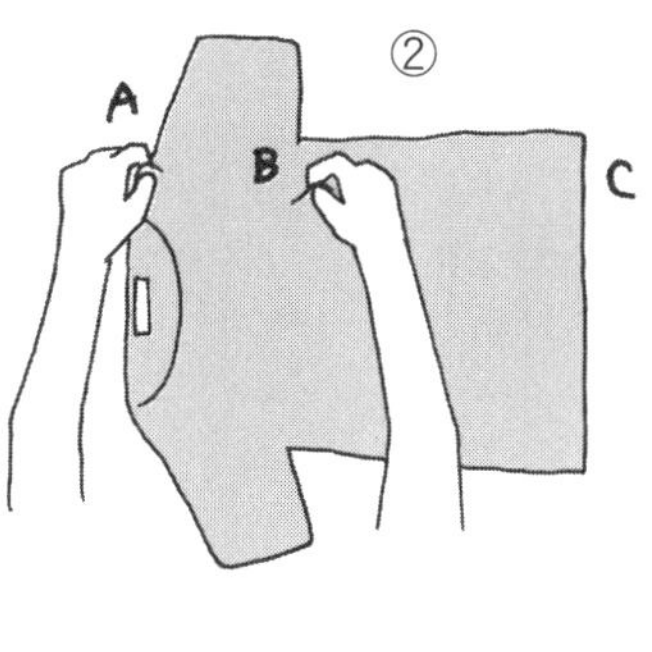

**3**▼右手でBをしっかりつまんだまま、**左手で持ったAをCまでもっていって一緒につかみます。**

**4**▼左手は3のまましっかりつかんでおいて、**右手でつかんでいるBを引っ張って内側から表へ抜き出し、全体を両手で持ち上げて画像のような形にします。**

※慣れるまではここでちょっと一息（手は離さずに）。慣れたら置かずに一気に仕上げられます

③

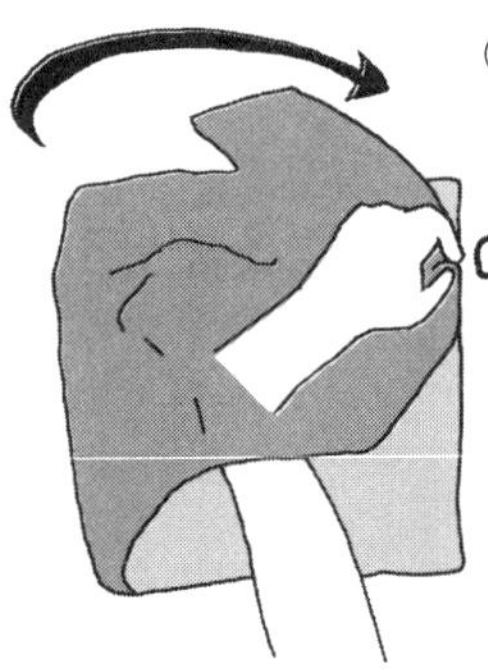


④

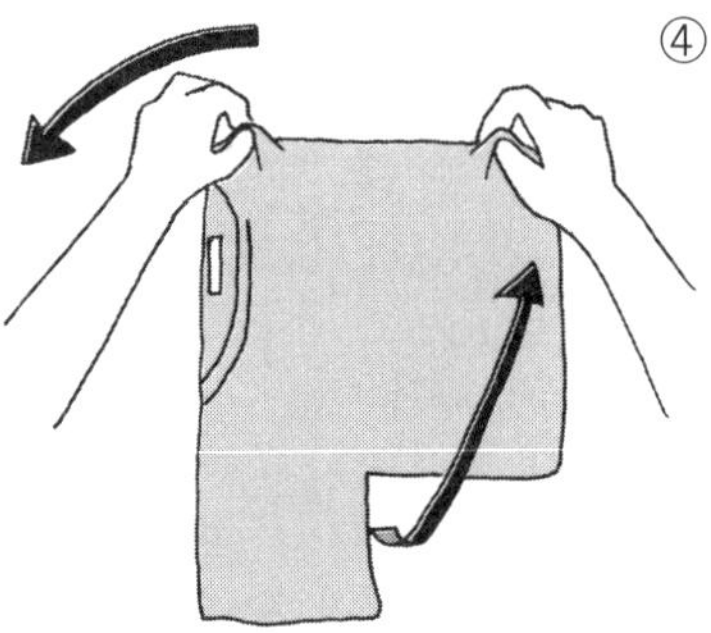

**5**▼Tシャツの前身頃《まえみごろ》を下にして置き、左右の手を離さずにまた持ち上げて、たたんでいない側の肩幅の中央あたりが折り目になるように向こう側へ折りたたむと、でき上がり!!

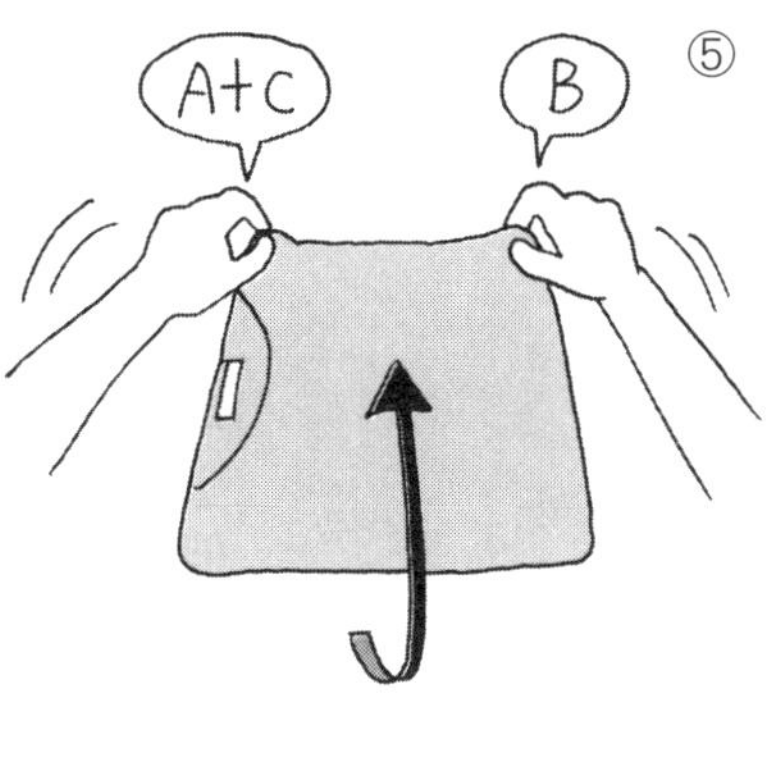


## ＊自分が使いやすいたたみ方を考える

たたみ方によって、収納スペースは大きく変わってきます。自分のクロゼットに合わせて、どのたたみ方が一番収納効率がよいか、いろいろ試してみることをおすすめします。

私のタンスでは、洋服をくるくると巻くたたみ方で、最もたくさんの洋服を収納できました。このたたみ方だとタンスを開けたときに、収納している洋服すべてをひと目で確認でき、お目当ての洋服をすぐに選び出すことができます。

平たく積んでいくたたみ方は、洋服がシワになりにくく、見た目もきれいに収納できます。ただ、お目当ての洋服が下のほうにあるときは、下から引っ張り出さなくてはなりません。

たたみ方、収納の仕方は、タンスを開いて自分が気持ちよいと思えるのが1番。それぞれの好みに合わせて、試してみてください。

# アイロンって、どうやってかけるの？

## ＊コツを覚えれば意外と簡単！

「家事の中でもアイロンがけが1番嫌い」という声をよく耳にします。しかし、アイロンがけこそ、1度コツをつかむと、上達も早く、作業も楽しいもの。

私がアメリカの会社に入った頃、男性の先輩から「男の子を持ったら、アイロンがけだけはできるように教えなさい。シワのないワイシャツは出世に関わるよ」と言われました。

この言葉に説得力があるのは、彼の息子が32歳という若さで、大手銀行の取締役になったこと。まぁ、ワイシャツだけで出世したのではないでしょうが、パリッとシワのないワイシャツは、スッキリ気持ちよい印象を相手に与えます。

先輩からの教えに従い、私も自分の息子には、きっちりとアイロンの手ほどきをしました。そのお陰か、我が家の息子はアイロンがけが大好き。出世するかどうかは、まだまだ未知数ですが……。

私が息子に教えたアイロンがけのコツをお教えしますね。

## ＊アイロンがけのコツ

**用意する道具**

① **アイロン台**
② **アイロン**
③ **霧吹き**

※アイロンの温度は洗濯表示記号を見て決めます。

- 高 ◀「高」アイロン温度は 180 ～ 210℃
- 中 ◀「中」アイロン温度は 140 ～ 160℃
- 低 ◀「低」アイロン温度は 80 ～ 120℃

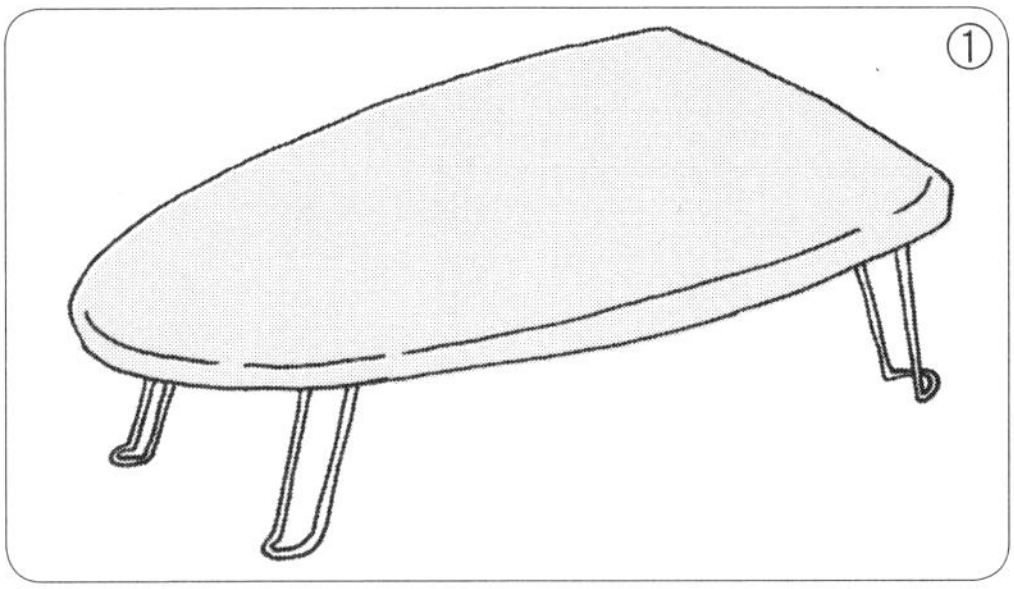

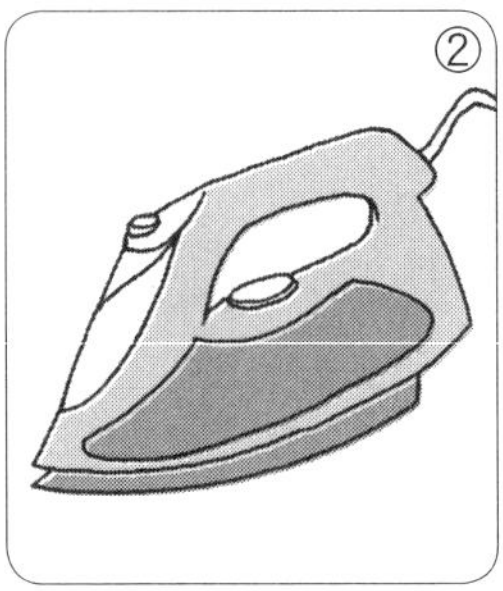

## ＊上手にかける4つのコツ

①▼アイロンをかける前に、霧吹きで全体を湿らせます。そうすることで、繊維がゆるみ、シワがきれいに消えます。

②▼アイロンは斜めにかけず、衣類の繊維に沿って真っ直ぐにかけます。力が入ってしまうと跡がつきやすくなるので、アイロンの先を浮かせる感じで、滑《すべ》らせるようにかけます。

③▼ワイシャツにアイロンをかけるときは、襟や袖など生地が重なっている部分からかけます。襟は、両端から中心に向かってかけると、きれいな仕上がりになります。

④▼シャツのボタン部分にアイロンをかけるときは、ボタンを下にして裏からかけます。

※誤ってシワがついてしまったら、もう1度霧吹きをかけて、再度アイロンをかけます。

※霧吹きの水にアロマオイルを数滴使うと、衣類によい香りが移り、気分も上がります。

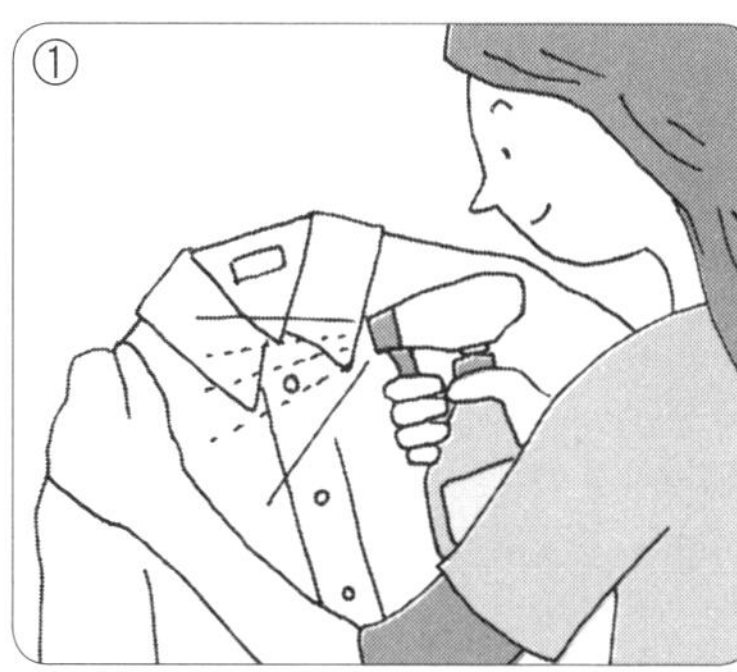

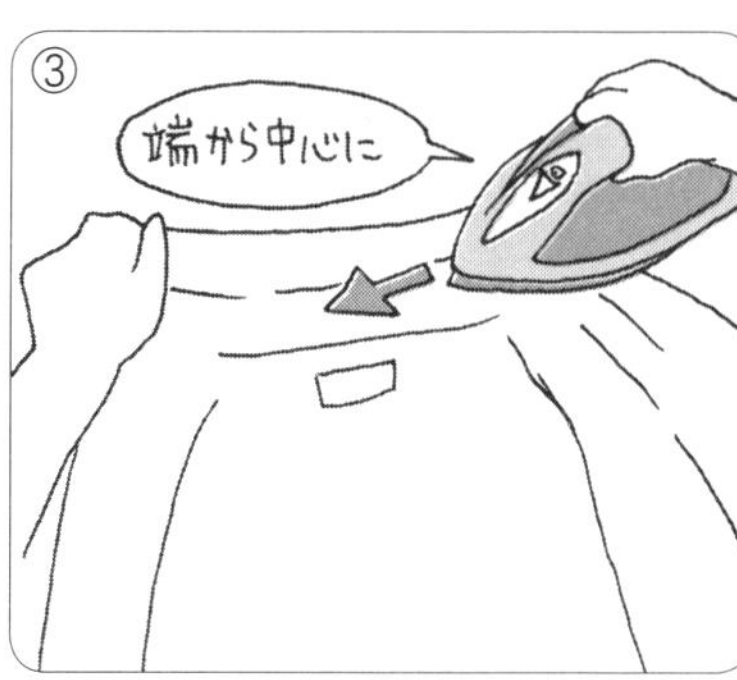


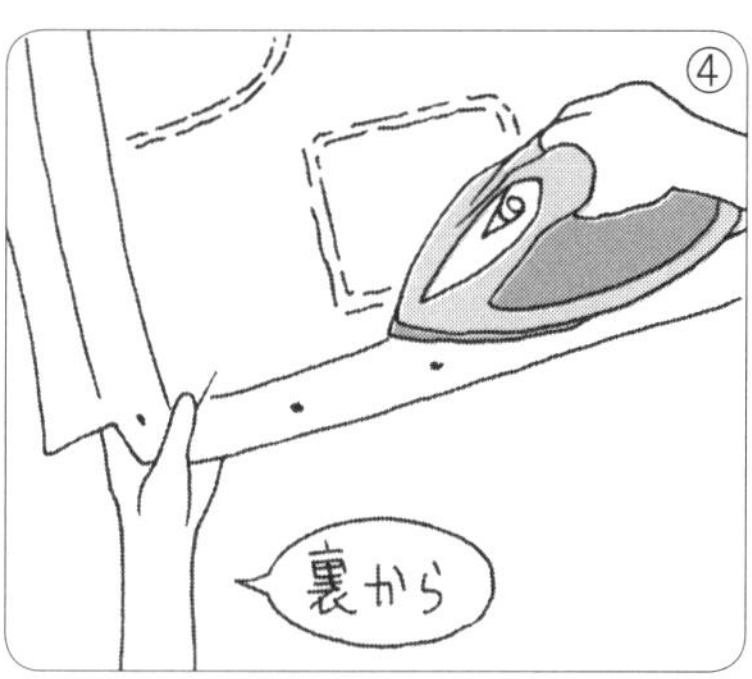

# 手洗いの洗濯方法を教えて！

**＊デリケート素材や、がんこな汚れに最適！**

洗濯は洗濯機にすべておまかせの今、手洗いなんて必要ないと思っていませんか？

手洗い洗濯は、シルクや麻、セーターなどデリケートな素材の洋服に、または靴下や食べこぼしでシミがついた服など、がんこな汚れを落とすには最適の洗濯法です。

旅行先でも、手洗いができると荷物が少なくてすみます。

ここで、手洗いの洗濯方法をおさらいしましょう。

## ＊手洗いしてみましょう

### 洗濯前の用意

①洗面器などに、ぬるま湯を入れ、洗濯洗剤を溶かします。
②たたんだ衣類を入れます。
③5分程、つけ置きしましょう。洗濯液が十分に浸透し、汚れを落ちやすくします。

### 6つの手洗い方法

手洗い洗濯には6種類もの方法があります。生地の強さや汚れ具合に応じて、使い分けてみてください。

①**もみ洗い** 力を入れて汚れをもんで落とす方法。綿などの丈夫な生地に適してます。
②**押し洗い** 汚れを手で押し出す方法。セーターなど厚手のものに。

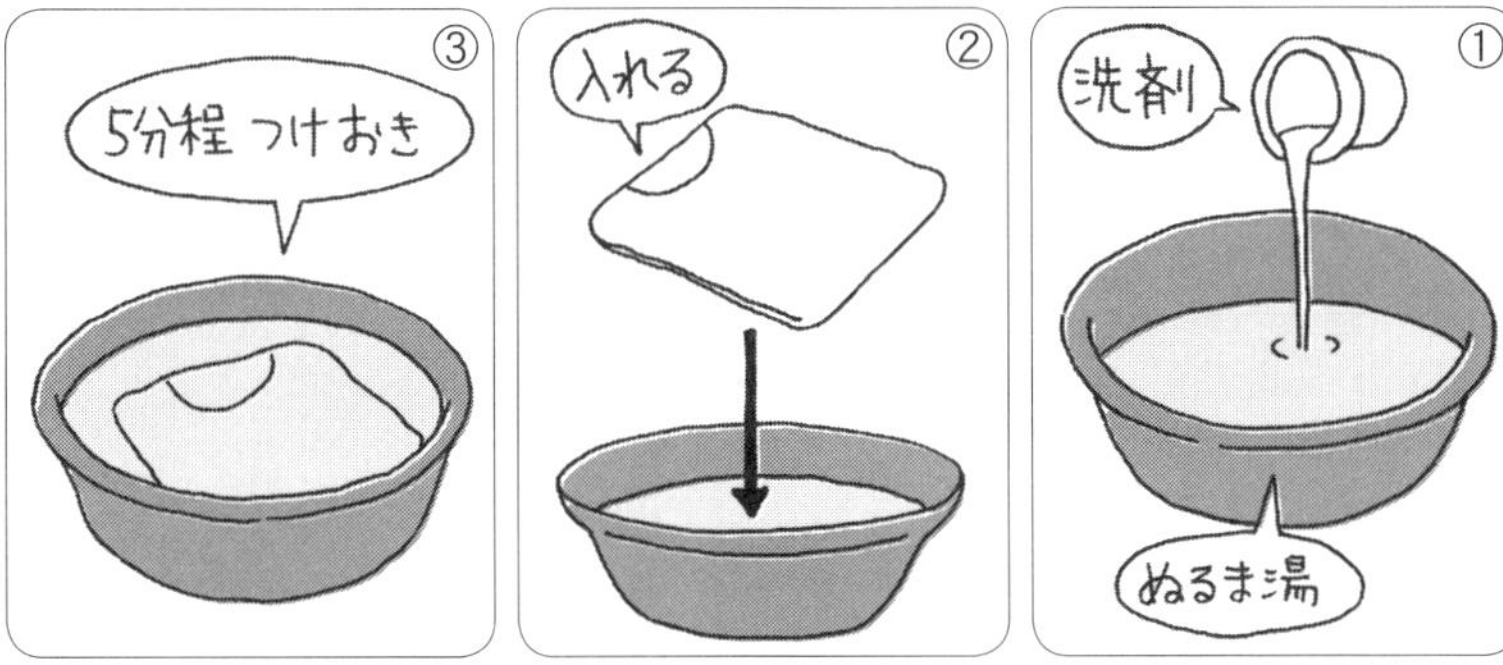

③ **たたき洗い** 片方の手のひらに洗濯物を載せ、反対の手で叩いて汚れをとる。デリケートな素材に。

④ **こすり洗い** シャツの襟ぐりや靴下の汚れに、生地をこすり合わせて洗う。

⑤ **つかみ洗い** 衣類をつかんで放しての繰り返しで洗う方法。丈夫な生地に。

⑥ **振り洗い** 水の中で衣類を前後左右に振って洗う。シルクなどに。

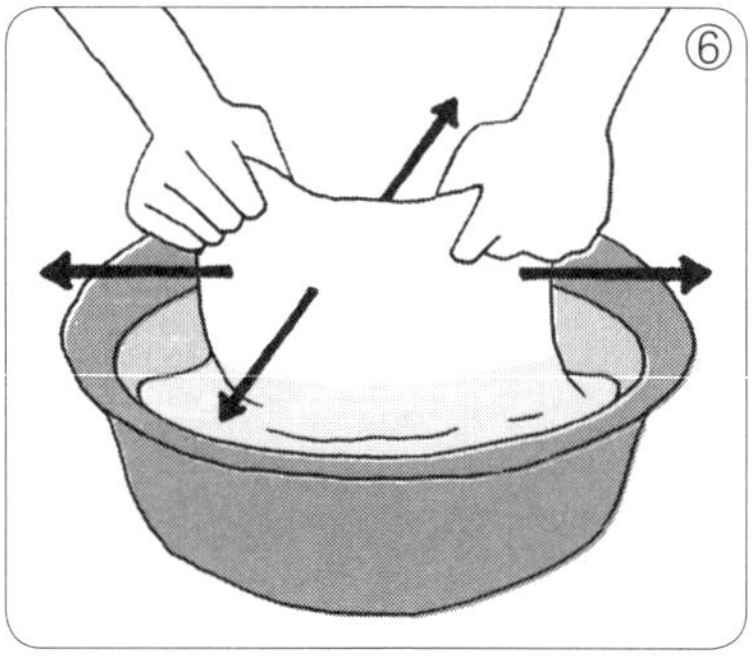

# もう失敗しない！漂《ひょう》白《はく》剤《ざい》を使いこなそう

## ＊使い方を間違えると惨事《さんじ》に

真っ白いシャツ、真っ白いシーツ。真っ白な洗濯物は、本当に気持ちいいですよね。そこで、活躍するのが「漂白剤」です。

漂白剤を賢く使いこなせば、ちょっとしたシミや汚れは怖くありません。ただし、使い方を間違えると、白いTシャツがピンクになったり、きれいなプリントのスカートが台無しになるなど、惨事を招くことも……。

ここでは、漂白剤の正しい使い方を学んで、大事な洋服をきれいに保ちましょう。

## ＊漂白剤には2種類ある

漂白剤は、大きく分けて、**「塩素系」**と**「酸素系」**の2種類があります。それぞれの特徴《とくちょう》さえ押さえておけば、お気に入りの洋服を台無しにすることもなくなります。

### A 塩素系漂白剤

◎**白いものだけに使いましょう。**

使用する際には、次の4点だけは押さえておきましょう。

**1▼色柄物《いろがらもの》を脱色させる**

**2▼臭気《しゅうき》が強い**

**3▼毛、絹、ナイロンなどには使えない**

**4▼酸性のものと混ぜると、有毒ガスを発生する**

### B 酸素系漂白剤

◎色柄物やウールにも使えます。基本的には、色柄物の染料でも使用できますが、染色《せんしょく》が不十分の場合は脱色することもあります。

必ず、**洋服の生地の裏側などで、色落ちしないか確認**して、丸洗いに使用してください。

CHAPTER

# 4

# 時間使いのきほん

schedule

「時は金なり」。
工夫と知恵で
価値ある時間を
生み出そう！

# 朝、早く起きる方法は？

## ＊朝の頭が1番賢い！

朝、起きるのってつらいですよね。特に、心配事や悩みごとを抱えていると、夜の寝つきも悪くなり、よけいに早起きができない。そうなると、昼間は寝不足で頭がボーっとして、仕事がはかどらない。１日の充実感が得られないので、夜はまた悩んだり、考えごとをしてしまう……。

こんな負のスパイラルに陥ることって、ありませんか？　私もこんな時期がありました。

でも、あるとき、イギリスの詩人、ウィリアム・ブレイクの言葉に出会って、この悪循環から抜け出すことができました。

「Thinking in the morning　朝、考え
Act in the noon　昼、働き
Eat in the evening　夕べに食し
Sleep at night　夜は寝るべし」

そうです。人間は自然に生きるのが1番。昼は一生懸命働いて、夕べは家族とおいしいものを食べ、夜は寝るべし！「朝、考え」という朝の行動には、いま1つピンとこなかったものの、私は、この言葉を早速実践してみることにしました。

夜はとにかく考えごとはやめて、寝るべし。すると、今までより朝がラクに起きられるようになりました。

そこで、また1つの発見がありました。その前の日まで、どんなに考えても結論の出なかったことが、「ああ、そうか！　こうすればいいんだ！」とピカッとひらめいたのです。

この生活を続けているうちに、朝、たびたびひらめきが生まれるようになりました。そこで、すべてに納得がいきました。「朝、考え」とウィリアム・ブレイクが言ったのは、「朝の頭が1番賢い」からに違いありません。

十分な睡眠をとったあとの脳は、ごちゃごちゃした思考を寝ている間に交通整理して、「頭を1番いい状態」にしておいてくれるのです。

早起きすると、ほかにもいいことがたくさんあります。

いつもより15分早く起きるだけで、時間に余裕ができ、散歩をしたり、ゆっくりコーヒーを飲みながらいろいろなことを考えることができ、それがまた脳を刺激します。

そのためにはまず早寝、そして早起き！

そうは言っても、私もやっぱり朝はつらいので色々試行錯誤の末、生み出した朝の起き方を紹介しますね。

## ＊4つのコツと1番大事なこと

**①目覚まし時計を2つ用意**

▼1つは枕元に置きますが、もう1つは離れたトイレに置きます。枕元の目覚ましを止めても、トイレで鳴っていたら止めに行かざるを得ません。トイレに行くまでの間にだんだん眠気が覚めていきます。

**②違う目覚ましを使う**

▼いつも同じ目覚まし時計だと使い慣れているので、無意識で止めて、また眠ってしまう、という失敗もしばしば。違う操作の目覚まし時計を持つと、あわてて止めようと必死になるので、目が覚めます。

**③レースのカーテンで寝る**

▼太陽光が入ってくるように、厚手のカーテンを開けて、レースのカーテンで寝ます。朝のやわらかい光が射し込んできて、目が覚めます。

**④ 手足を動かして、体を目覚めさせる**

▼朝は夜に比べて、体温が低くなっています。目が覚めても、頭がボーっとして、すぐに体を動かせない人もいますよね。

そんなときは、横になったまま、手足の指を握《にぎ》ったり開いたりします。何度も繰り返すうちに体が温まり、シャキッと起きることができます。

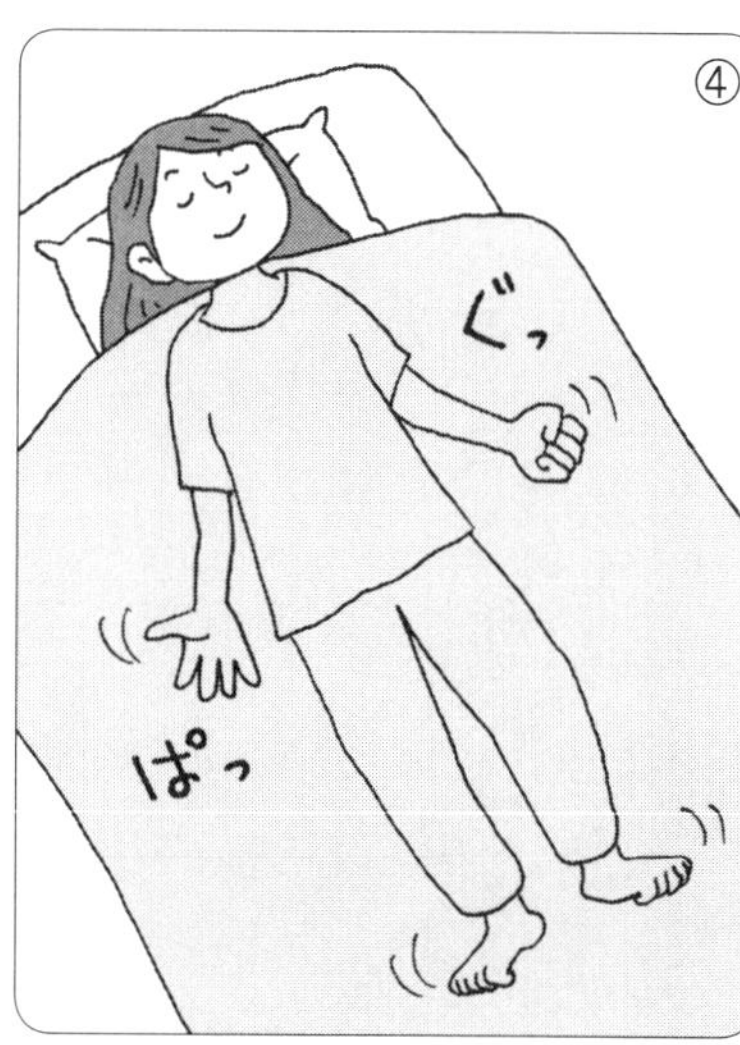


## ＊1番大事なことは、今日を「わくわく」すること

寝る前に、明日やりたいことや楽しいことを考えながら、眠りにつきます。

すると、目が覚めたときに、眠っているのがもったいなくて、早く起きて、早く活動を始めたくなります。

毎晩、わくわくしながら眠りについて、毎朝、わくわく気分で目が覚めるなんて、最高の毎日だと思いませんか？

# 今日は何を着よう？

## ＊毎日をわくわくさせる魔法

毎日、朝起きて悩むのが「今日は何を着よう？」です。

今日の洋服をあれこれ悩んでいるだけで、朝の忙しい時間はどんどん過ぎていきます。前日にある程度考えておくだけで、朝の時間はぜんぜん違います。

洋服の決め方は人それぞれです。週末に、翌週に着る洋服5着をハンガーにかけておき、その日の気分と天候で決めるという人もいます。

特に女性は、その日の洋服次第でモチベーションが上がったり下がったりしますよね。洋服がバッチリ決まると、その日、1日はどことなくウキウキした気分になります。寝る前に「明日は、大好きなあの洋服を着ていこう」、そう思うだけで、明日がわくわく楽しみになります。

## ＊洋服の決め方いろいろ

①**天気予報を見て決める** 靴や洋服は、その日の天気や気温によって、大きく左右されますよね。私は、翌日の天気予報を見て、明日着る服を決めます。明日が雨なら、お気に入りのレインシューズに合わせて洋服を決める。グッと冷え込みそうな日は、暖かいコートとロングブーツに合わせて洋服を決めます。

②**その日の予定で決める** 大事な打ち合わせがあったり、ちゃんとしたレストランでディナーの予定が入っていたりするときは、予定に合わせた洋服選びをします。目上の方と接するときには、身も心もビシッと引き締まるジャケットやスーツでお目にかかりたいし、レストランでドレスコードを無視したカジュアルな服装はいただけないと思います。

③**新しい服を着る** お気に入りで買ったのなら、とにかく着なくちゃ。新しい洋服でお出かけする日は何より楽しいし、うれしいもの。買った服は袖を通して、皆にお披露目《ひろめ》しましょう。

**いくら前日に洋服を決めても、天候、体調によって変えざるを得ないこともあります。決めた洋服に縛《しば》られずに、ある程度の柔軟さをもって。大切なことは、「わくわくする洋服」を選ぶこと。そして、その日の自分に「心地いい洋服」を選ぶこと。この2点です。**

①

②

③

# 明日の流れをつくる予定の立て方

## ＊「何かをしたい」と思ったら、時間は協力してくれる

誰にでも平等に与えられているのが1日24時間です。

1日何もせずに家にいて食べて寝るのも1日。1日に18時間働くのも1日。1日中、買い物をしているのも1日。1日6時間の勉強をするのも、同じ1日です。

1日24時間、あなたはどのように使いますか？

人それぞれ使い方は違いますが、何かの目標に向かって1日を過ごすのなら、明日の予定づくりは大事です。書き出してみると、「時間がない」と焦ってしまうことでも、意外な隙間《すきま》時間を見つけることができて、得した気持ちになれることがあります。

私の子どもたちがまだ小さかった頃、自分の時間が子どもたちの世話で奪《うば》われて、「時間がない！」と悲しくなったことがあります。そんなときに、自分だけで過ごせる時間を、紙に書き出してみました。すると、「ない、ない」と思っていた時間があったのです。

みんなが起きてくるまでの朝の2時間です。4時から6時までを執筆《しっぴつ》活動にあて、1冊の本を仕上げたこともあります。

誰にでも時間は平等に与えられています。何かをしたいと思ったら時間は協力してくれるものです。

「時は金なり」で自分で作り出した時間は、お金と同じくらいの価値があります。この時間が「あなたがなりたいと思っていたあなた」になれる1歩です。

## ＊予定の立て方

**①寝る前に明日のスケジュールを立てる**

▼これは、広告の裏やコピー用紙の裏などでなく、きちんとしたスケジュール表を使います。時間単位で書けるノートでもいいですね。

**②明日、すべきことを箇条《かじょう》書きにする**

▼電話をすべきこと、友人との約束、買うべきものなど、やるべきことをすべて書き出します。

**③クリアしたらペンで消す**

▼消すことにより、計画的に行動ができ、自分をしっかり見つめることができます。

**④「THINGS TO DO」の欄《らん》を設《もう》ける**

▼この欄には、「できればしておきたい事柄」を書きます。スケジュール通りにクリアできたとき、空いた時間で片づけていきましょう。

①
明日の予定は…
②
明日やること
・ゴミ出し
・買い物(○○,××)
・13:00 待ち合わせ ○○駅
・△△にTel
③
明日やること
・ゴミ出し
・買い物(○○,××)
・13:00 待ち合わせ ○○駅
・△△にTel
④
すき間時間ができたらやる!
THINGS To Do
・レシート整理
・○○にメール
・戸棚片付け

schedule 31

# 1度で2倍の効果をあげる「時間の魔法」

## ＊「ついでに」を最大限に活用する

私の大好きな言葉に「ついでに」があります。広辞苑で調べてみると、「ついでに」は「その機会に乗《じょう》じて」という意味。

どうせ何かをするのなら、その機会に乗じて、もう1つ別の用も片づけちゃう。「ついでに」は1度で2倍の効果をあげる「時間の魔法」なのです。

これは、何も難しいことではありません。

たとえば、部屋を出るときに手ぶらで出ないとか、パスタと一緒にじゃがいもも茹《ゆ》でちゃうとか、お皿を洗ったついでにシンクも磨いて、換気扇《かんきせん》まわりも軽く拭くとか。

そんな些細《ささい》な「ついでに」が、時間使いをどんどん効率よくしていき、価値ある時間を生み出します。

とっても簡単なことですが、「ついでに」の意識が働いていないと、なかなかできないものです。

それに、この「ついでに」の意識は、自分の時間を効率よくするだけでなく、人の時間も節約してあげることができるのです。

どこかお使いへ行くついでに、夫の用も片づけてあげる。

病院へ行くついでに、郵便局や銀行へ行くついでに、友達や同僚の用事も片づける。

自分のことだけでなく、誰かの時間を節約できるって、ものすごいことだと思いませんか?

やってみる価値、大アリです。

## ＊「ついでに」をやってみよう

**① 手ぶらで部屋から出ない、部屋へ戻らない**

▼自分の部屋から出るときは、両手をいっぱいにして出ます。飲みかけのコップ、食べかけのスナック、雑誌、新聞など、ほかの部屋から持ってきたものは出るときに一緒に持って出ます。戻るときも同様に、「ついでに」を意識して。

**② 「ついでに何かない？」と声をかける**

▼どこか自分の用で外出するときは、「ついでに何かない？」と、周りの人にひと声かけましょう。このひと言で、誰かの15分、30分を節約することができます。

**③ リストを作る**

▼「こんなことにリストがいるの？」と思われがちですが、頭の中でやるべきことを覚えていられるのは、ほんの数個です。ほんのちょっとしたことでもメモしておくことで、この用とこの用は一緒に片づけられるな、この用事は、ここへ行く途中で片づけよう……というふうに、「ついでに」のグループ分けができます。

schedule 31

# 夜、ぐっすり眠るために大切なことは？

## ＊よい睡眠は1日の過ごし方で決まる

「睡眠」は1日をリセットする大切な時間です。さわやかな目覚めは、質のよい睡眠から生まれます。またよい睡眠は、1日をどう過ごすかによって大きく変わります。

心地よい睡眠について考えるとき、私はまたもやウィリアム・ブレイクの「朝、考え　昼、働いて　夕べに食し　夜は寝るべし」という言葉を思い出します。

この短い言葉が、けだし至言《しげん》だと思うのは、この言葉通りに1日を送れば、間違いなく1日が充実し、人生の質が高まることを感じるからです。

それでは、この言葉に沿って、よい睡眠のためにできる9つのポイントを紹介しましょう。

## 9つのポイント

―朝―

**1**▼目覚めたら、すぐにカーテンと窓を開け、体いっぱいに日の光を浴びましょう。朝の光が届きにくい部屋でも、明るめの照明を浴びることで、体内時計が「朝がきた」と感知します。また、部屋の空気を入れ替えることで、新鮮な外気が皮膚《ひふ》を刺激し、気持ちもすっきりします。

**2**▼朝食はしっかり食べましょう。朝の食事は、脳を活発にする大切なエネルギー源になり、良質な思考を生み出します。

―昼―

**3**▼深い睡眠は、昼間の活動によって作られます。日中はめいっぱい活動しましょう。日光をよく浴びると、夜の眠りを促《うなが》すメラトニンという物質が分泌《ぶんぴつ》されるようになります。意識的に日の光を浴びるようにします。

**4**▼お昼寝ができる人は、30分以内で。それ以上寝てしまうと、夜の睡眠に影響します。30分くらいのお昼寝は、脳の小休止に最適。午

後の仕事能率が、またグンとあがります。

―夕べ―

5▼食事は、就寝《しゅうしん》前の3時間前にはすませておきましょう。遅い食事で、眠りに就《つ》いたときも胃腸が活発に動いている状態では、体がリラックスできません。どうしても夕食が遅くなってしまったときは、無理に食べずに、軽い夜食程度に留めておきます。お腹が空《す》いて眠れないような空腹状態は避《さ》けましょう。

―夜―

6▼1日の仕事で興奮した脳を鎮《しず》めるために、30分でも15分でもリラックスタイムを設けましょう。ゆったり、静かなリズムの音楽を聴きましょう。音楽は激しいものだとかえって逆効果です。読書も、読み出すと止まらなくなるミステリー小説などは寝不足の原因になることもあります。音楽も読書も、内容を精選しましょう。

7▼入浴は心も体もリラックスさせます。お風呂に入ることで、副交感神経が優位に働きます。副交感神経が優位なときは、眠りに入りやすいとき。熱いお風呂が好きな人もいますが、これは人間が活動

寝る3時間前までには食事をすませておく
リラックス
ぬるめの湯にゆっくり入る

的なときに優位に働く交感神経を刺激してしまうので、逆に脳がさえてしまいます。ぬるめのお風呂にゆっくり浸かることで、1日の疲れもよくとれます。

**8**▼子どもは眠くなると、体がポカポカしてきます。大人だって同じ。手足のマッサージをすることで血行がよくなり、体が温まってきます。眠る前の簡単なストレッチもおすすめです。緊張した体が緩《ゆる》んで、リラックス効果をもたらします。ストレッチの最後は大きく深呼吸して、1日を締めくくりましょう。

**9**▼ホットミルクは寝る前の飲み物に最適です。牛乳に含まれるトリプトファンという成分は、眠りを誘うセロトニンという物質の原料です。私は、マグカップにたっぷりのミルクとはちみつをティースプーン1~2杯入れて、電子レンジでチン。体の内側からほっこりと温まり、心地よい眠りに就くことができます。

schedule

31

# 忙しいときは、優先順位をつける

## ＊目に見える形にする！

仕事にしろ、子どもの学校関連のことにしろ、私たちの生活にはいろいろなことが1度に重なってしまうことが度々あります。どれもこれも大切。でも3つ、4つのことを1度にはできません。

そんなときは、とにかく「やらなきゃいけないこと」を紙に書き出します。仕事もプライベートも思いつくことすべて。

紙に書き出すことで、とりあえず頭の中は空っぽになります。空っぽのスッキリした頭で、「やらなきゃいけないこと」を眺めていると、あら不思議！あんなにこんがらがっていたパズルがするすると解けていきます。やるべきことの優先順位が見えてくるのです。

優先順位がついたら、あとは紙を目につくところに貼って、文字通り片っ端《ぱし》から片づけていきます。できたものには○をつけ、できなかったこともう1度、次のやる日を入れておけば大丈夫。

ビジネス書などでよく言われる「見える化（可視化《かし》）」するだけで、こんがらがった物事は、とってもシンプルになります。

## ＊緊急時に備えて、心の準備も

大事な仕事が入っているときに限って子どもが高熱を出す。試験の日に限って、電車事故が起きる。そう、困った事態って、いつどんなタイミングで襲ってくるかわかりません。そんなときのために、心の準備と覚悟をしておく必要があります。私が心がけていることは3つです。

### ①あわてず、冷静に判断

1番大切なことは、あわてずに、事を判断すること。これで人生が終わるわけではありません。気を落ち着けて、起きていることを冷静に判断しましょう。

**②すぐに連絡。第三者の指示を仰ぐ**

自分１人では判断が難しい場合は、迷わず上司や先生に相談します。仕事の代役が立てられるか、再試験を受けさせてもらえるのか。とにかく、事情を正直に話し、第三者の指示を仰ぐことが大事です。

**③起きたことから、学ぶ**

上手に事態を処理できないこともあるでしょう。そのときは、失敗を教訓にして、次に後悔がないよう、考えることが大切です。

つまづいた石は、次のステップにつながる踏み石にもなります。

## ＊「何が起きても大丈夫」な心構《こころがま》えを

私は時々「仕事やあらゆる物事に対して誠実に対処しているかしら」と自問します。

仕事でも勉強でも、その人の誠実な姿勢は、周りの人は必ず見ています。ふだん、いい加減なことをしていたら、いざというときに助けてくれる人もいないし、遅刻の言い訳もできないと思うのです。何より、自分の中に後ろめたさがあると、堂々と物事に対峙《たいじ》できません。

とにかく、目の前のことを1つひとつ一生懸命に。丁寧に。

自分にウソがなければ、少々のことくらいは「何が起きても大丈夫」と思えます。

# 急いでいるときこそ、丁寧に

## *「急がば回れ」

急な外出で、慌てて支度をしなければならない。
そんなときに、必ずといっていいほどしてしまう失敗がいくつかあります。

● ストッキングを伝線させてしまう
● コンタクトレンズを片方落として、床にはいつくばって探す
● お出かけ着をチークや口紅で汚して、また着替える

どれも「急がず丁寧に」を心がけていれば、防げた失敗です。ちょっとした不

注意で起きる事故も、慌てずに頭の中で整理し、テキパキ支度することで、時間はグッと短縮できたはず。

こんな失敗を経て、「急いでいるときほど丁寧に」と自分自身にも、息子にも言い聞かせています。

## ＊丁寧にすることで、焦りが薄れる

ゆっくり丁寧にすることで、気持ちの効果も得られます。「わぁ、どうしよう！」とパニックになっていた頭と心が、フッと落ち着くのです。

落ち着くと、やるべきことが整理できて、外出までの動線も無駄なく整理できます。

**余裕のないときこそ、心に余裕をもって。**

**慌てているときこそ、落ち着いて丁寧に。**

この心がけ1つで、未然に防げる失敗はたくさんあると思いますよ。

CHAPTER

5

# 料理のきほん

cooking

どんな道具が必要？
包丁を正しく持てる？
ご飯は炊ける？
お料理のいろは

# 料理を始める前に大切なこと

## ＊やる気を高める身支度

料理を始める前に必要なもの、それは身支度です。私は気合を入れるためとテンションをあげるために、身支度にはちょっとこだわります。

お気に入りのエプロンをつけて、腕まくりをし、髪はバンダナやスカーフでまとめる。これだけで、できる料理人を演出できるでしょう？

アメリカにはエプロンをする習慣がないのですが、機能的なエプロンをつけるだけで、気分は盛り上がるし、何より洋服が汚れないので、エプロン効果は（私には）大きいです。エプロンをつけて、髪をしばれば、戦闘態勢《せんとうたいせい》！「よし、やるぞ！」と元気に料理に取りかかれます。要は、汚れが気にならず、動きやすくて気分も盛り上がるような格好なら、何でもいいのです！

## ＊母に教わった料理前の心がまえ

私が母に教わったお料理をする前の４つの心がまえです。

### ①つめを短く切る

▼衛生面《えいせい》はもちろんですが、母の教えはとにかく「見た目が悪い！」。今は、ネイルなども流行っていて、指先をかわいく彩りたい女心もとてもよくわかりますが、お料理をするなら、やっぱり清潔感のある短いつめが理想。だって、長いつめで作るお料理って、魔女のあやしい料理みたいでしょう。

### ②腕まくり

▼袖がぬれたり、汚れたりしないように。「料理は頃合《ころあ》いが大事」とは、母の言葉。落ちてくる袖をいちいち気にしていたら、料理のタイミングを見逃してしまいます。それに何より、腕まくりって気合が入りますから。

③ **髪をまとめる**

▼髪の毛が落ちては、せっかくのお料理が台なしです。バンダナやスカーフを三角巾《さんかくきん》にして巻いてもかわいいですよ。私はこれだけでテンションがあがります。

④ **エプロンをつける**

▼エプロンは、水しぶきや油はねから洋服を守ってくれます。油や調味料でついたシミって、取るのが大変ですから（シミの取り方は、「洗濯のきほん」69ページで確認してください）。咄嗟《とっさ》のときに、水でぬれた手を拭くタオルにもなります。昔ながらの割《かっ》ぽう着《ぎ》は袖を被《おお》うことができ、便利です。

**私はお料理を始める前に、必ずトイレに行っておきます。料理中にトイレに行くとエプロンをはずしたり、火を止めたりと料理の時間が止まってしまいますから。これって、意外な盲点《もうてん》でしょう？**

# 台所仕事を楽しくする道具たち

## ＊使い勝手のよい基本の道具

アメリカのテレビショッピングで大人気になった商品に、1台で7役もこなす調理器具があります。「きざむ、おろす、する、まぜる、くだく、ひく、あわだてる」。この7つの仕事がスイッチを押すだけ、たった10秒でできてしまうラクチン器具です。これならまな板も包丁も必要ありません。ただし、電気が使えなくなったら……？　私はアメリカに住んでいますが、震災以後、「電気が使えること」が当たり前になっていた自分の感覚に驚き、反省しました。

電気が使えるのは、決して当たり前ではない。今後、電気が使えなくなる事態は十分に考えられるのですから、そのときに「スイッチの押し方しか知らない」では困ってしまいます。

手作業は1つひとつ時間がかかりますが、使い勝手のよい基本の道具や工夫次第で台所仕事は楽しくなります。料理が楽しくなる道具たちをご紹介しましょう。

## 初めての台所道具

### ① 包丁

▼家庭用包丁としてはステンレスの刃渡り20㎝前後のものが一般的です。

▼この1本でも、いろんなお料理に十分対応できますが、できれば刃渡り10㎝程度のペティナイフと小出刃《こでば》があると、さらに便利です。

▼ペティナイフは果物《くだもの》の皮むきに、小出刃はお魚などをさばくときに便利です（でも、今はお魚をさばくことって、あまりないですね）。

### ② まな板

▼まな板は木製とプラスチック製があります。木製は滑らないので包丁を傷《いた》めません。でも傷がつきやすいので不衛生になりがちです。プラスチックのほうが一般的です。ただ、台所仕事では、何よりもやる気を高めてくれる道具が1番ですから、気に入ったものを揃えてください。

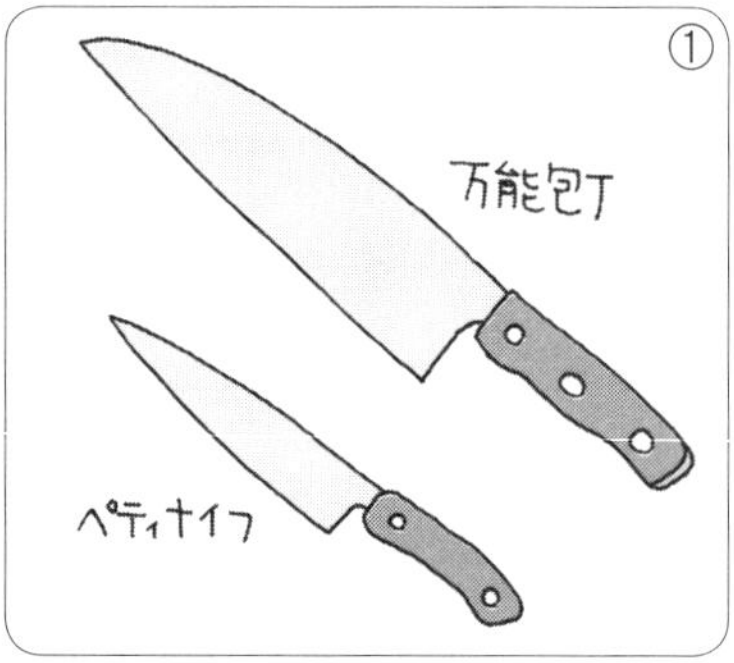


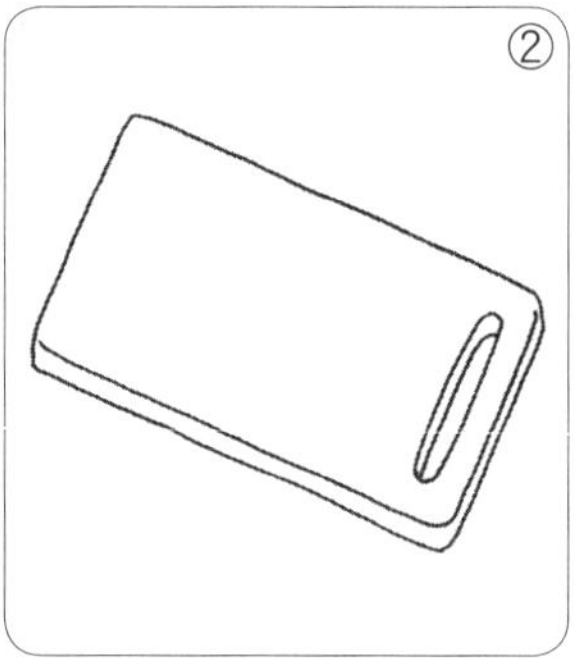

### ③ ざる、ボウル

▼めん類やゆで野菜の湯きり、野菜を水洗いしたあとの水きりに使います。

▼目のあらいものと細かいものの2種類を用意して、用途によって使い分けると便利ですよ。

### ④ 鍋、フライパン

▼鍋は煮込み、味噌汁、スープなど。フライパンは焼き物、炒め物に。意外ですが、揚げ物やパスタをゆでるときに使っても便利です。フッ素樹脂《じゅし》加工のものはお手入れが簡単です。

### ⑤ やかん

▼熱効率の良いアルミ製を。ミルクパンでも代用できるので、なくても大丈夫です。

### ⑥ おたま

▼つくりがしっかりとしたステンレス製が使いやすいです。

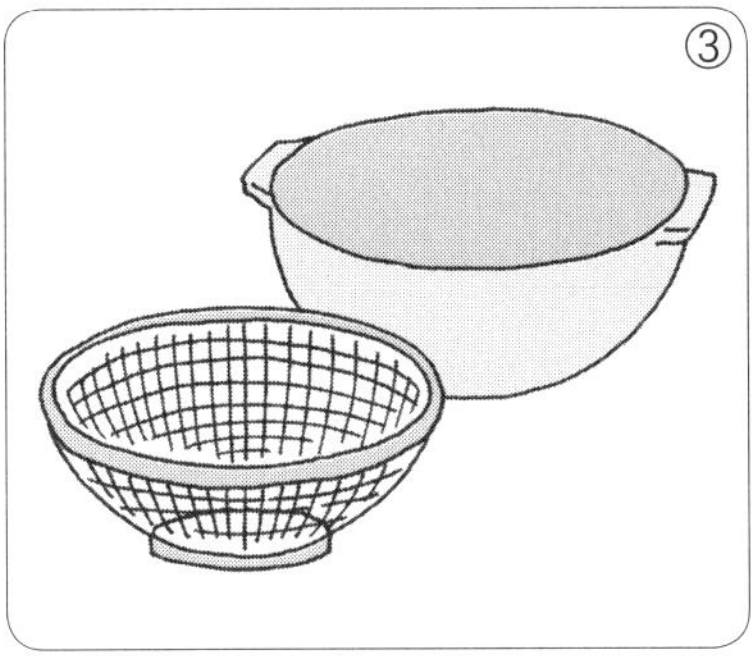

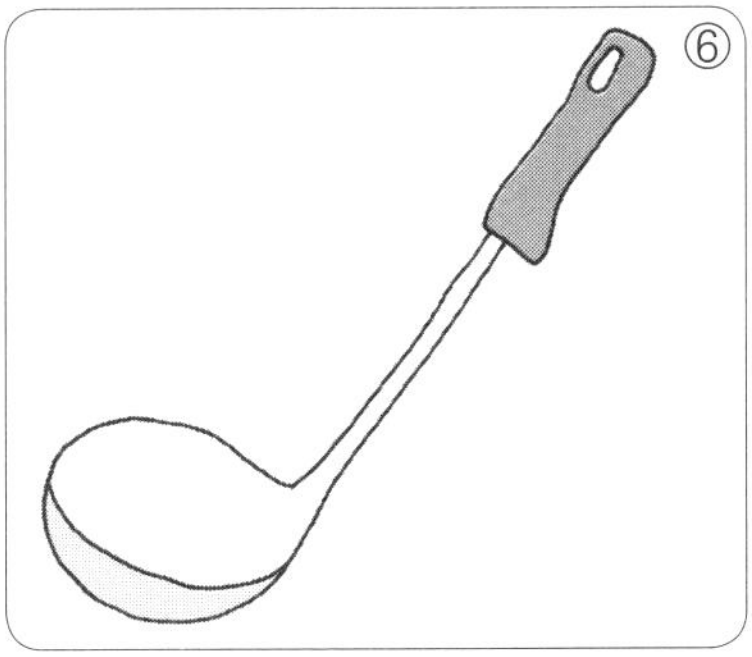

### ⑦ **フライ返し**

▼ステンレス、シリコン、ナイロン樹脂などの素材があり、形もいろいろ。使用目的によって選んでください。

### ⑧ **しゃもじ**

▼お米がくっつきにくい凹凸《おうとつ》のあるしゃもじが便利です。熱に強い木のしゃもじや木ベラは、マッシュしたポテトや酢飯《すめし》など、熱いものを混ぜ合わせるときに便利です。

### ⑨ **菜箸《さいばし》セット**

▼炒めるとき、天ぷらを揚げるとき、焼き物をするとき、和《あ》えるときなど、お料理のあらゆる場面で登場。1番出番《でばん》が多いかもしれません。品数《しなかず》の多いときは、それぞれのお料理で使い分けするので、3セット以上用意するといいと思いますよ。

**鍋やフライパン、やかんを選ぶときはキッチンがIH（電磁調理器）仕様の場合、IH対応製品でないと使えないので、よく確認しましょう。**

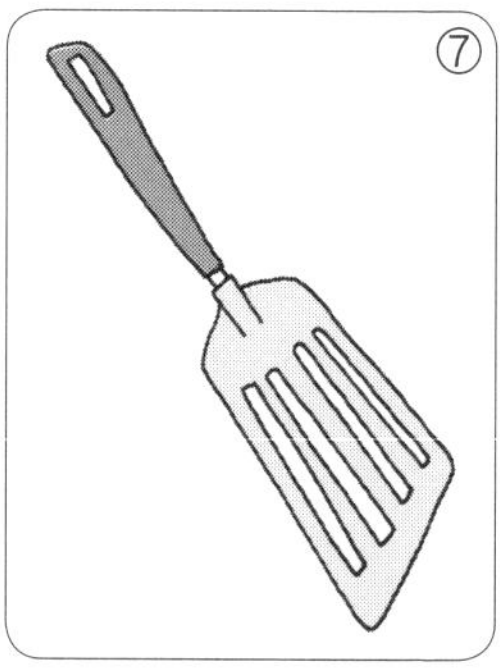


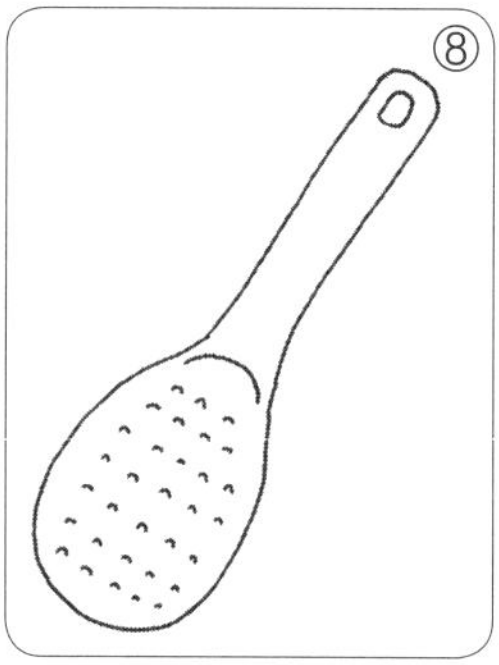


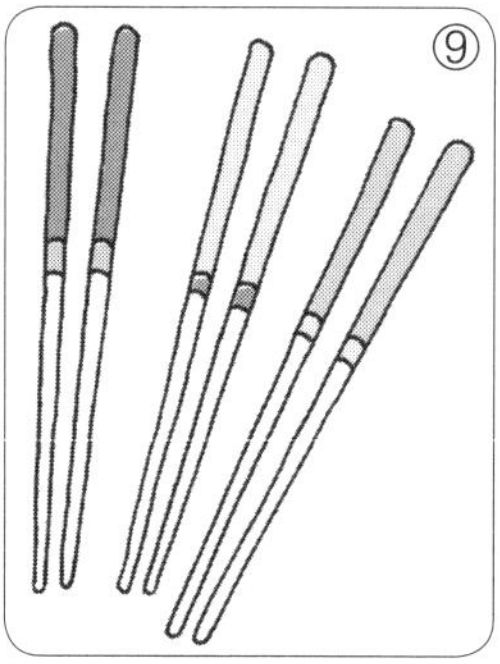

# 揃えておきたい、基本の調味料

## ＊日本の調味料の基本は「さしすせそ」

スーパーへ行くと、世界のいろんな種類の調味料が並んでいます。調味料は味の決め手になる大事なもの。少々値が張っても、いい素材の上質な調味料を選べば、その仕上がりはグンと差がつきます。

無理をして高いものを買う必要はありませんが、ほんの少しだけ意識して、調味料選びをしてみてください。お料理の経験が増えるごとに、違いや好みがはっきりしてくると思いますよ。

「料理のさしすせそ」って聞いたことがありませんか？　「さ」は「砂糖・酒」。「し」は塩。「す」はお酢。「せ」は醤油（昔は「せうゆ」と表記したんですね）。そは「味噌」です。この「さしすせそ」は単なる語呂合わせではないんです。味つけする際の順番を表しているって、ご存じでしたか？

酒や砂糖は、食品をやわらかくする効果があるので、最初に入れます。お酢・醤油・味噌は風味が飛びやすいので、火からおろす直前に加えます。そのほうが、風味がたって、だんぜんおいしくなります。

では、それぞれの調味料の種類を見てみましょう

## 砂糖

〈種類〉**上白糖、グラニュー糖、三温糖、角砂糖、黒砂糖、氷砂糖**など

上白糖は、どんな料理にも使用できます。グラニュー糖はコーヒーや紅茶を楽しむときに。氷砂糖は果実を漬け込むときなどに使います。黒砂糖は、こってりした煮物に入れると風味が加わり、おいしくなります。

## 食塩

〈種類〉**海塩《かいえん》・岩塩《がんえん》**

海塩は、海水の水分を飛ばし、天日干《てんぴぼ》しにし、乾燥させます。岩塩は地下から掘り出した塩の塊《かたまり》です。台所には海塩をそろえましょう。

塩には、塩味をつけるだけでなく、甘みを引き立てる役割もあります。

## 酢

〈種類〉**米酢《こめず》、穀物酢《こくもつす》、黒酢《くろず》、りんご酢《す》**など

日常的に使うには、まろやかな米酢がおすすめです。お寿司用の酢飯や酢の物などに合います。

**醤油**

〈種類〉**濃口《こいくち》醤油、薄口《うすくち》醤油、溜《たま》り醤油、白醤油**など

一般的に「醤油」と呼ばれるものは濃口醤油です。いろんな料理に使えます。炒め物などは最後に加えると風味が損《そこ》なわれず、香りもたちます。最近では、塩分控《ひか》えめの減塩醤油が人気です。

**味噌**

〈種類〉**米味噌、豆味噌、麦味噌**

一番多いのが米味噌です。豆味噌の代表には、八丁味噌があります。

味噌汁を作るときは、味噌の香りが飛ばないように、最後に味噌を加えます。香りのいいお味噌汁ができますよ。

他に、そろえておきたい調味料にコショウ、みりん、料理酒、ケチャップ、マヨネーズ、ソース、ごま油、オリーブオイルなどがあります。

# 正しい包丁の持ち方

## ＊基本が肝心

あるとき、知り合いの料理人さんから、こんなことを教わりました。

「料理人は、包丁を使うときに姿勢を正しくしないと、いい仕事ができないんですよ。料理技術が上がるにつれて、正しい包丁の持ち方が自然に身につくというものではないんです。やはり基本が肝心《かんじん》なんですよ」

包丁の正しい持ち方なんて考えたこともなかった私は、目からウロコ！　それまで自己流の持ち方を通してきたことを反省しました。でも、「今からでも遅くない。正しい姿勢と正しい持ち方を身につけたい！」とプロの方に、改めて包丁の持ち方を教わったのでした。

ヘンなクセがつく前に、正しい姿勢と正しい持ち方を身につけましょう。

## ＊正しい姿勢で正しく持ちましょう

### 正しい姿勢

①▼体を調理台から10 cmほど離して、まな板に向かいます。

②▼右足（左利きの人は左足）をいく分後ろに引きます。

③▼肩の力を抜いて、両腕を素直に調理台に出して切ります。

④▼材料を切るときは、目線は常に材料から離さないようにしましょう。

切るときは、調理台に寄りかからないように、きちんと上体を支えましょう。

左手（左利きの人は右手）は、指を曲げて（猫の手のようにして）材料を押さえ、突き出た中指の第一関節に、右手の包丁の側面が当たるようにし、包丁を動かします。左手首はまな板につくように下げると、安定しますよ。

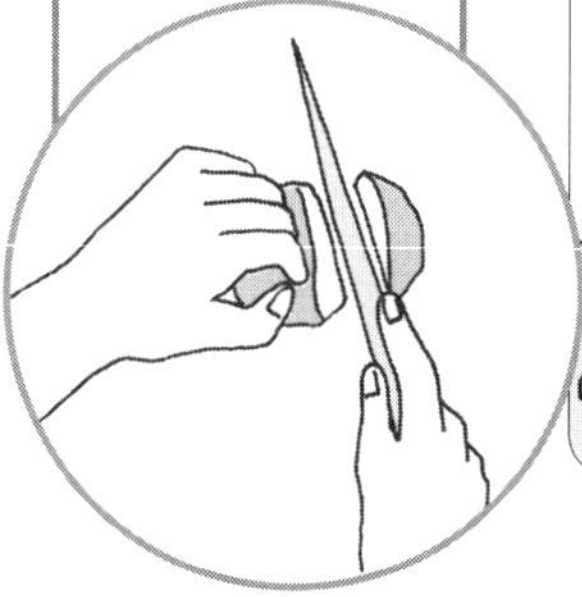

## 正しい持ち方

A▼親指、人さし指、中指で包丁の柄《え》の付け根部分をしっかり握ります。薬指と小指はそえる感じに。

B▼このとき、人さし指を伸ばし、包丁のミネに当てて持ってもよいです。どちらか、持ちやすいほうで試してみてください。

▼手の平と柄の間はほんの少しあいている感じで、切るものに刃先をあてます。

▼刃先全体は使わず、刃先のほうから刃の2／3くらいまでを使います。

※硬い素材を切るときは、指と手の平全体に力を入れて強く握りこむ持ち方をします。

## 包丁の動かし方

①魚や肉は包丁を手前に引いて切ります。

②野菜は向こう側へ押すようにして切ります。

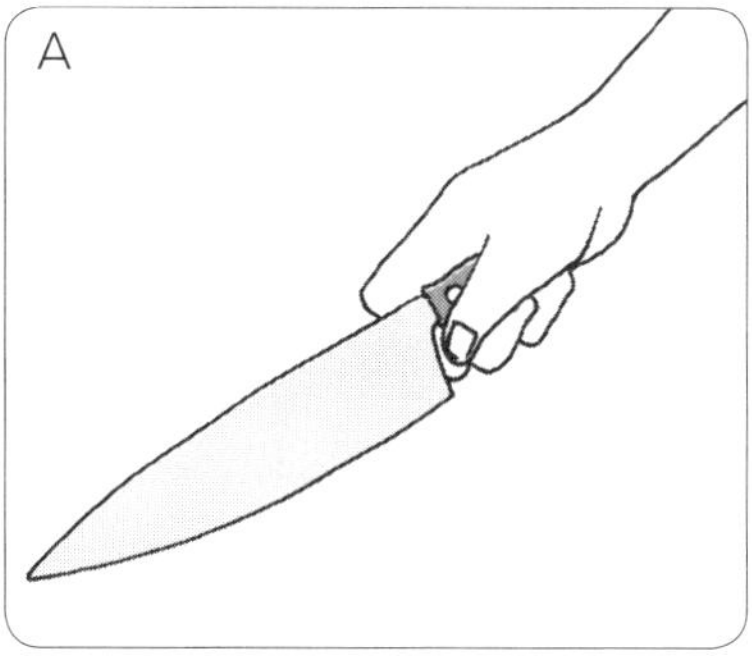


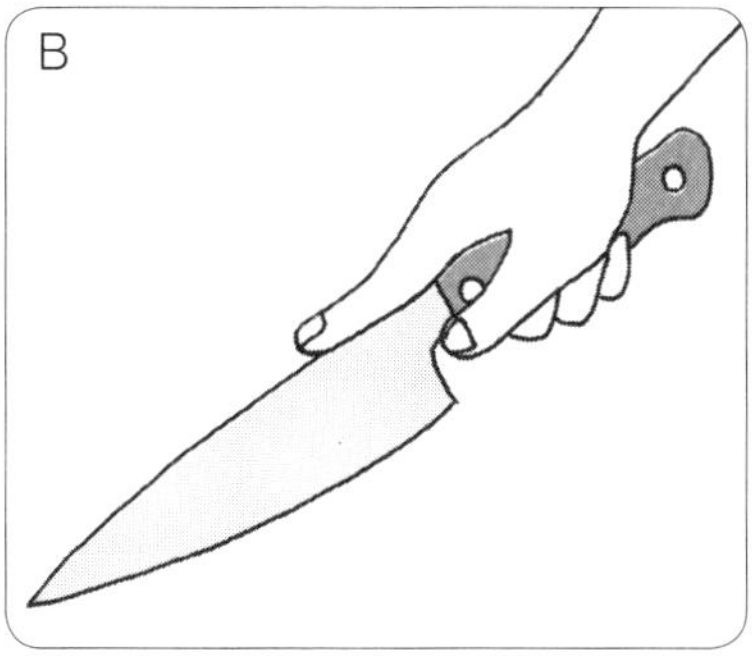

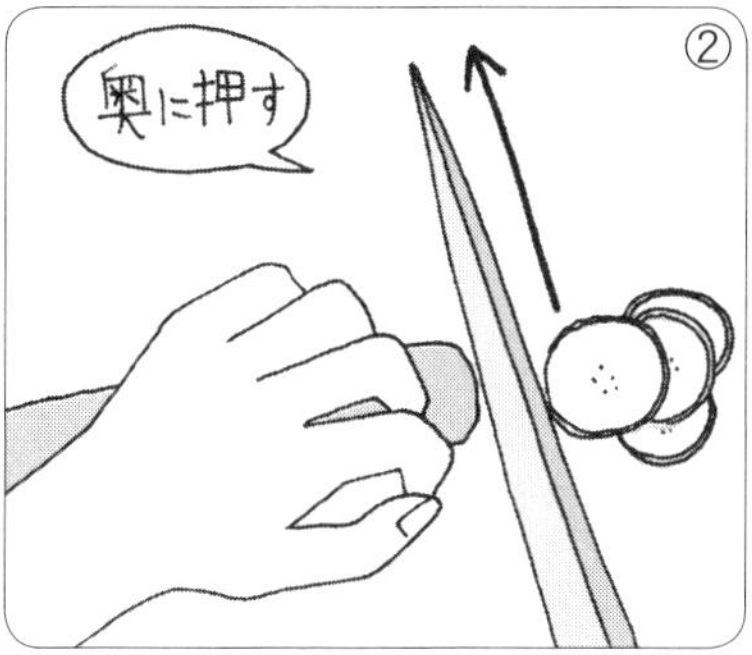

# 料理上手の野菜の切り方

## ＊豊かな日本料理

お料理の本を開くと、たくさんの切り方が出てきます。同じ野菜でも、切り方によって、食感や味も変わってくる。切り方の種類の多さに、日本料理がいかに豊かで繊細《せんさい》なものかを学ぶことができます。

包丁使いも慣れです。毎日切っていれば、自然にリズムがつかめます。トントントンとリズミカルなお母さんの包丁の音が耳に残っているでしょう？　お母さんのリズムを思い出しながら、あなたも挑戦してみてください。

初心者さん向けのいろいろな切り方をご紹介しましょう。

## 切り方いろいろ

① **小口《こぐち》切り**　きゅうりやねぎなど細長いものを端《はし》から切ります。厚みは料理の目的や材料に合わせて。

② **せん切り**　4～5㎝の長さに切った野菜を繊維《せんい》に沿ってさらに細く切ります。繊維を切断するように切るとやわらかくなるので、胃の弱い方にはおすすめです。

③ **輪切り**　切り口が丸くなる材料に対して直角に包丁を入れて輪に切ります。火の通りや味のしみ込みが均一《きんいつ》になるように同じ厚さで切りましょう。

④ **みじん切り**　細かくせん切りしたものをさらに小口から細かく切ります。ねぎの場合は、縦に数本切り込みを入れておき、端から細かく切ります。

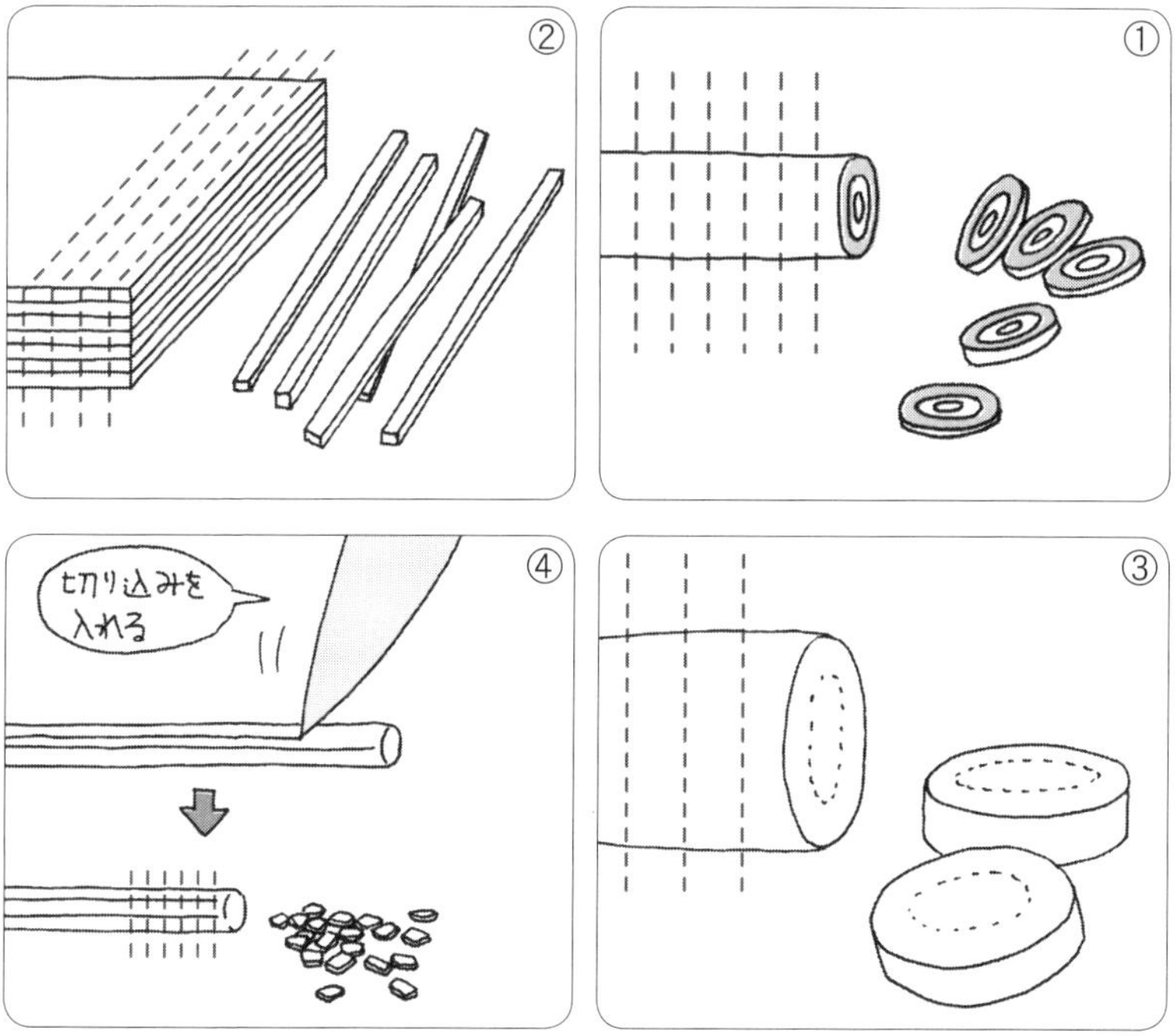

⑤ **半月切《はんげつ》り** 材料を縦に2つ切りし、切り口を下にして厚さを決めて端から切ります。輪切りをさらに真《ま》っ二《ぷた》つに切ったような形になります。

⑥ **短冊切《たんざく》り** 大根などを5cm程度に輪切りし、これを縦1cmの厚さに切り、さらに縦に薄く切ります。平べったい長方形の形になります。

⑦ **いちょう切り** 縦に4つ切りしたものを端から切っていきます。いちょうのような形ができあがります。

⑧ **かつらむき** 大根、きゅうり、にんじんなど丸くて長いものを5~8cm程度に輪切りし、皮をむくようにできるだけ薄く、長く、くるくる回しながらむいていきます。

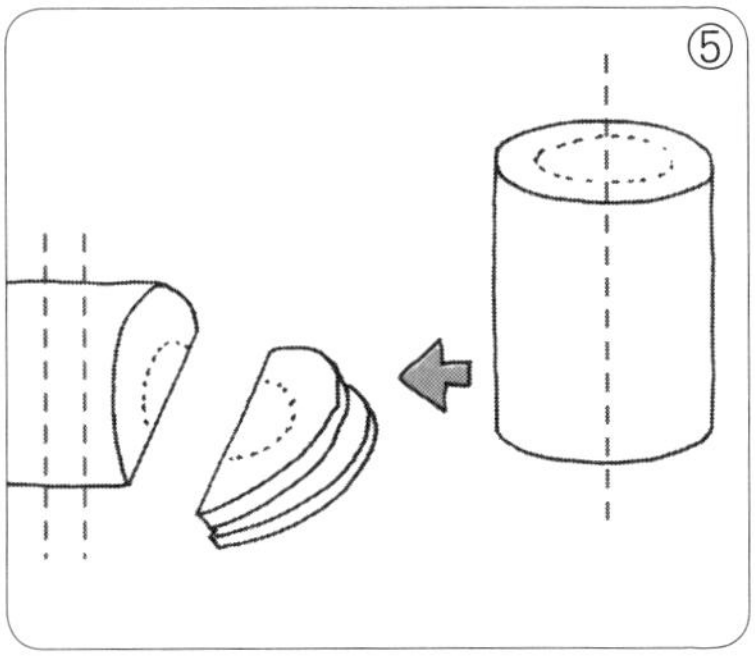

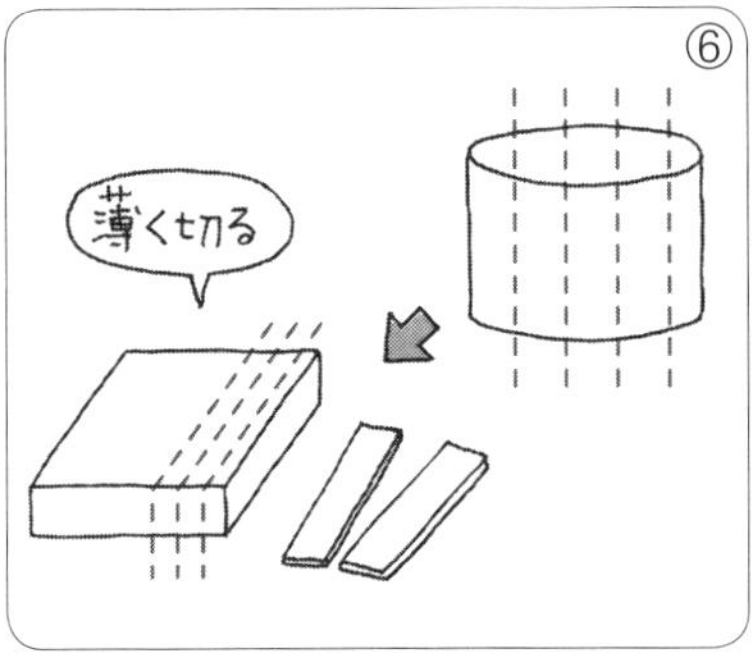


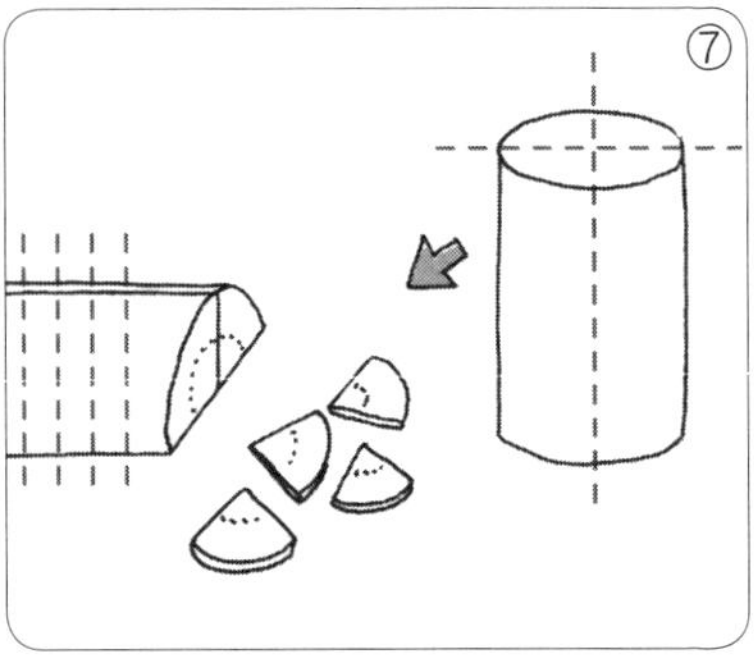

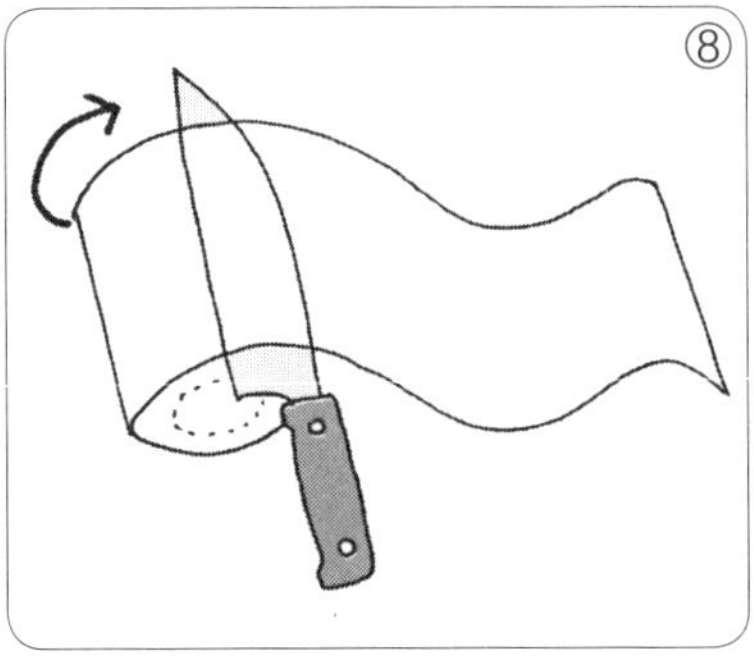

⑨ **斜《なな》め切り** きゅうりやにんじんなど細長いものを斜めに包丁を入れて切ります。斜めが深いほど整った形になります。

⑩ **乱《らん》切《ぎ》り** きゅうりやにんじんなど細長いものを手前に回しながら、斜めに包丁を入れていきます。形は不格好《ぶかっこう》ですが切り口が多い分、味がしみ込みやすく、煮物などに向いています。

⑪ **くし形切り** トマトやレモンなど丸いものの上下（茎《くき》つきやヘタ、根や花落ちのほう）を少し切り落として座りをよくし、縦2つに切り、さらに中心から放射状《ほうしゃじょう》に均等に切ります。

⑫ **ささがき** ごぼうやにんじんなど丸くて細いものを鉛筆を削るような要領で、薄く小さくそぎ落とす切り方です。ごぼうの場合はあくが強いのでたっぷりの水に放して、アク抜きをしましょう。

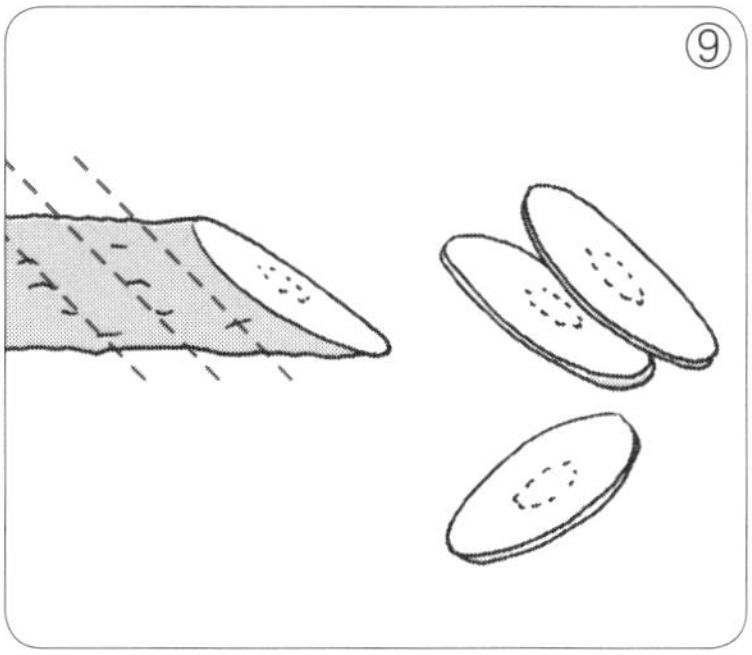


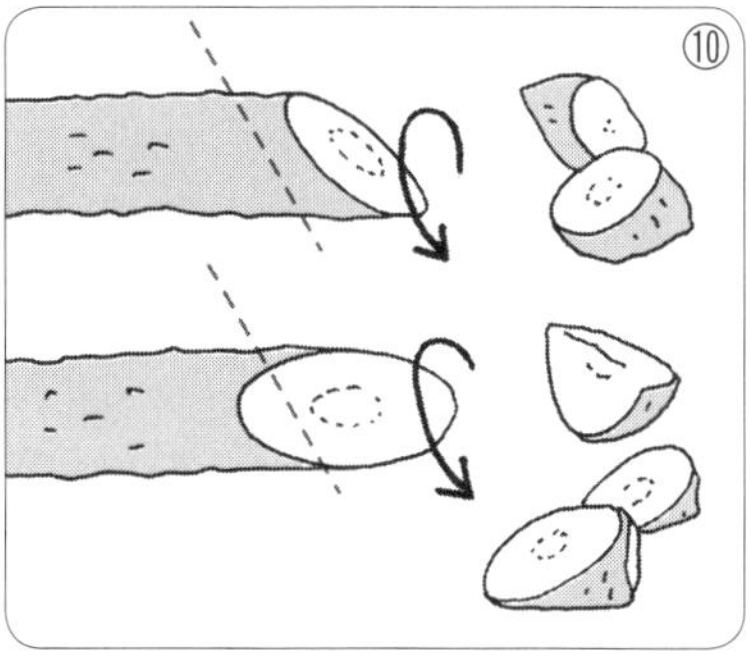


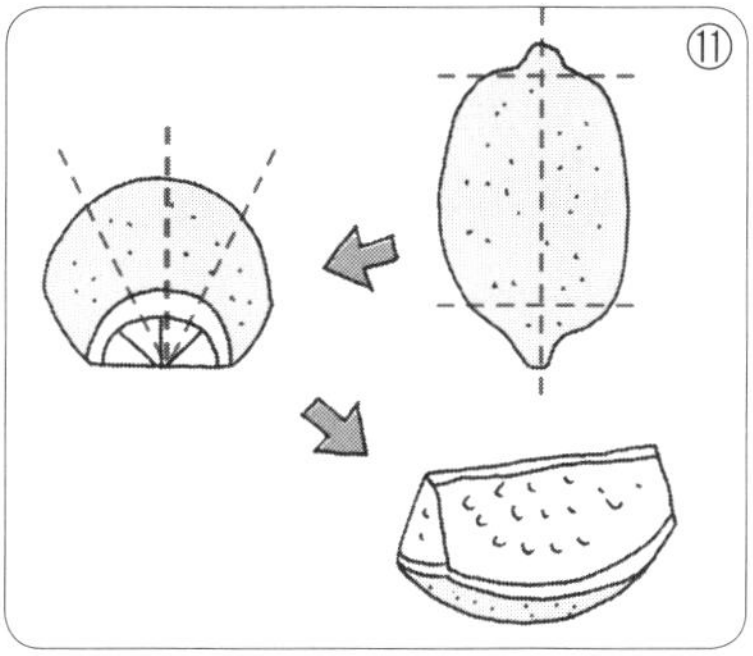


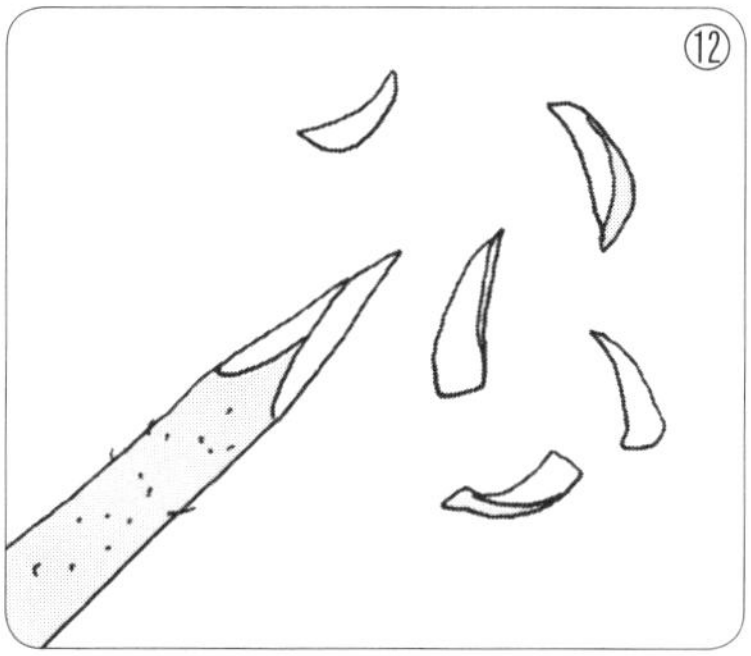

⑬ **拍子木《ひょうし》切り**　長さを揃えてやや厚みをもたせて切り、それをさらに厚みと同じ幅に切ります。繊維に沿って切ると歯ごたえが引き立ちます。

⑭ **面とり**　輪切りや、乱切りしたものが煮くずれするのを防ぐため、煮る前に切り口の角をもとの線に沿って削ります。

⑮ **さいの目切り**　厚みを1～2㎝に切り、それを横にして同じ厚さで切ります。ちょうどさいころのような形になります。和え物やサラダによく使う切り方です。

⑯ **色紙切り**　大根やにんじんなど筒状の材料を、周囲の丸みを切り落として四角くしてから薄く切ります。

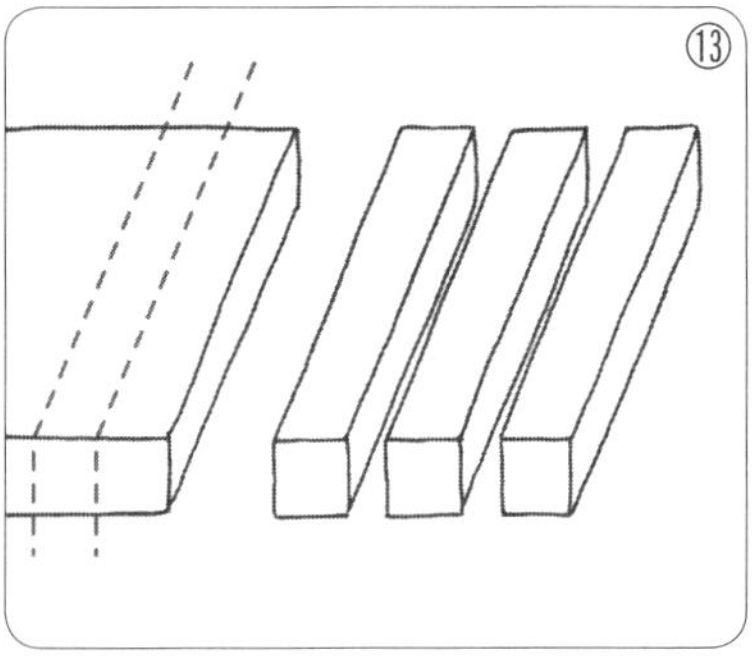

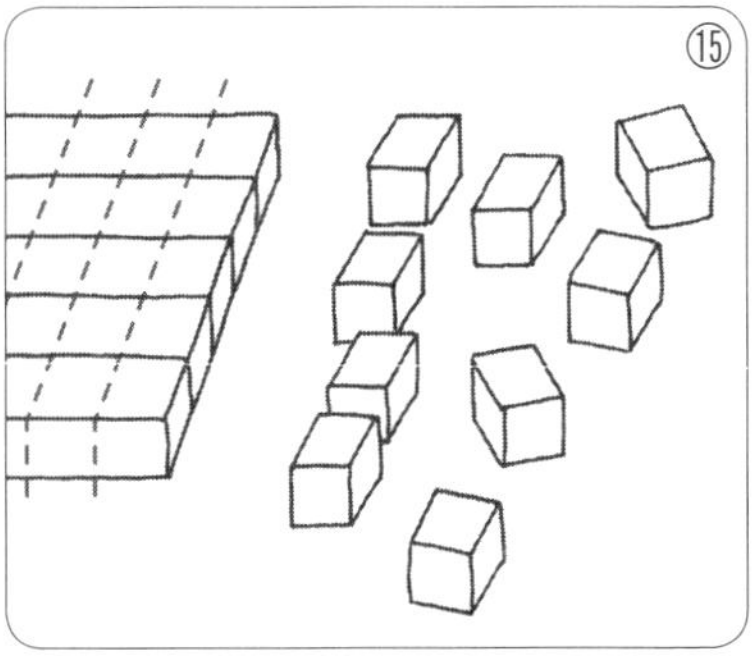


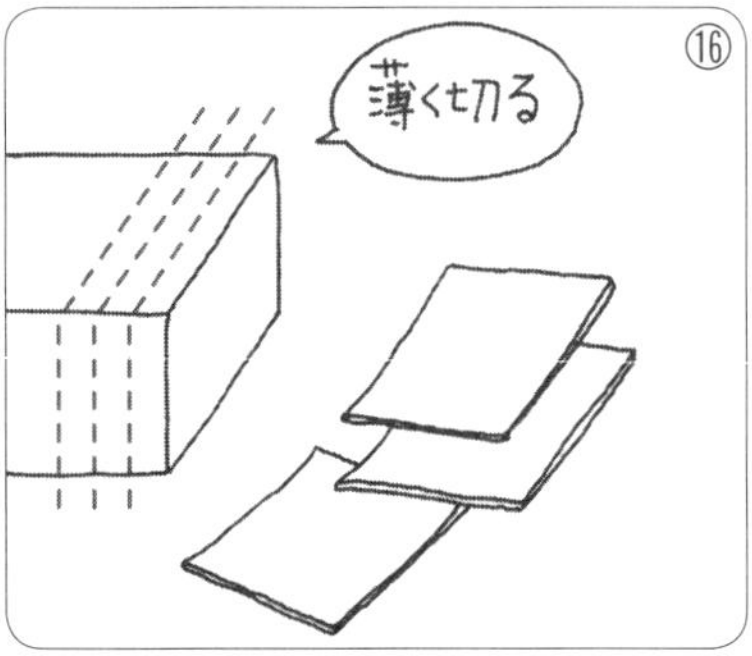

# お鍋でご飯を炊いてみよう

## ＊ひと味違う！　お鍋ご飯

日本人の食卓に欠かせない「ご飯」。ふっくらと炊き上がったご飯があるだけで、幸せな気分になります。

ご飯を炊くのは、お米を研《と》いで、スイッチを押すだけ！　と思っている方がほとんどだと思いますが、お鍋で炊いたご飯は、ひと味もふた味も違います。炊飯器より早く炊けるし、何よりおいしい。

炊き上がったご飯を食べたとき「ああ、おいしい」と、心がゆるゆるとほどけていきます。

お鍋で炊くのも、とっても簡単！　ぜひ試してみてください。

## ＊お米の研ぎ方、炊き方

最近のお米は精米《せいまい》技術が向上しているために、昔のように手の甲でゴシゴシ洗濯をするように研ぐ必要はありません。反対にお米が割れてしまっておいしくなくなることもあるそうです。

### お米の研ぎ方

①▼たっぷりの水でさっと指で洗う感じで研ぐ。

②▼2～3回すすぎ、水がきれいになったらOK！

③▼水加減は炊飯器の目盛りどおりに。ただし、新米は水分を多く含んでいるので、やや少なめに。

④▼夏は30分、冬は1～2時間ほど吸水させる

（吸水によって、味に差が出ます）

①
あまりゴシゴシ洗わない

②

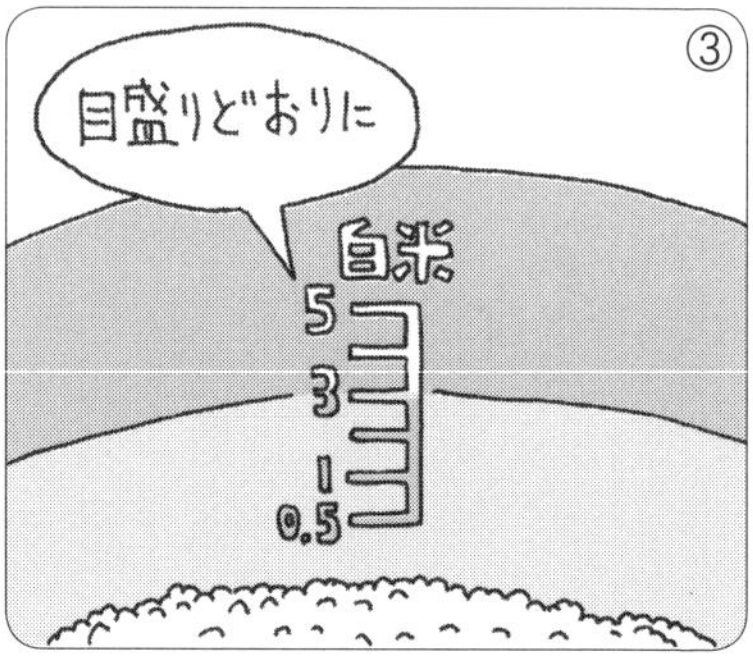

③
目盛りどおりに
白米
5
3
1
0.5

④
少し時間をおいてから…

## お鍋で炊くご飯

①▼最初はフタを開けた状態で、強火にかけます。

②▼沸騰してきたら、弱火にし、フタをしたら、そのまま10分間火にかけます。

③▼10分経ったら、5秒ほど強火にしてから火を止め、そのまま10分間蒸らします。

④▼フタを開けて、底から全体をさっくり混ぜたら、できあがりです。

1合と1カップとは違います。計量カップの1カップは、通常200cc。1合は180ccなので、注意してくださいね。

①
フタを開けて火にかける
強火
②
沸騰してきたら フタをして10分間 火にかける
弱火
③
5秒だけ強火にしてから火を止める
④
かき混ぜる

# おいしいお味噌汁を作ってみよう

## ＊お味噌汁は「元気の源」

朝、目覚めると、お台所からお味噌汁のいい香り。とたんに、お腹がグーッと鳴って、寝ぼけた頭と体にスイッチが入ります。「お母さーん、おはよう。お腹すいたー」と飛び起きる。これが、私の子どもの頃の朝の記憶です。

朝のお味噌汁は、私にとって「元気の源」です。アメリカに住む今でも、私の毎日はお味噌汁で始まります。さあ、あなたも今日のやる気が湧いてくるような、おいしいお味噌汁をつくってみましょう。

「味噌汁づくりが前日から始まる」というと、「えっ。面倒くさい」と思われる方が多いと思います。でも、とっても簡単な前日の仕込みをしておくだけで、翌朝の手間も省けて、そのうえおいしいお味噌汁ができるのです。ここでは、煮干しでダシをとったお味噌汁を紹介します。

## 煮干しでダシをとった味噌汁の作り方

①▼鍋に水5カップを入れ、頭とはらわたを取った煮干しを30～40g加えて一晩置きます。そうすると、ダシがよく出て、翌朝は煮干しを取り出すだけで、すぐに料理を始められます。

②▼根菜など、具がかたいものの場合は、ダシ汁を火にかけるときに一緒に入れて、煮立たせます。煮干しのダシ汁に野菜のダシも加わって、よりおいしくなります。野菜に火がとおったところで、豆腐や油揚げなどやわらかい具を加えます。そこで、もうひと煮立ちさせます。

③▼最後に味をみながら、お味噌を加えます。味噌を加えるときは、煮立たせないよう弱火にします。

④▼最後に、彩《いろど》りで刻んだネギなどを加えると出来上がり！

味噌汁のレシピは無限大。大根、にんじん、豚肉、コンニャクを加えれば、豚汁《とんじる》もできます。豚肉はダシ汁が沸騰したところで加えて、アクは、おたまで丁寧にすくいましょう。豚肉に火がとおったら、弱火にして味噌を加えます。

①
頭とはらわたを
取った煮干しを
水につけておく

②
かたい具は
ダシ汁を火に
かけるとき
やわらかい具は
火がとおってから

③
味噌をとかす
煮立たせ
ないように

④
ネギは
最後に

# 知っておきたいテーブルマナー

## ＊食事の席で恥をかかないために

幼い頃、食事前の「お膳立て」が私の日課でした。

台所から「お膳立てしてちょうだい」という母の声が聞こえると、絵を描いたり、宿題をしたりしていた食卓《テーブル》を片づけて、固く絞った台布巾で拭きます。それから、家族分のお箸とお茶碗を食卓に並べます。

「お箸もお茶碗も、それぞれ配置が決まっているのよ。適当に並べてはだめよ。和食だけでなく洋食にも配置があるのよ。ナイフやフォークを使う順番も決まっているのよ」。食事のマナーについては、母はことに口うるさかったように思います。

やがて大人になったとき、この母の教えに、私はずいぶん助けられました。社会に出ると、仕事関係の方と食事をする機会が増えます。ただでさえ緊張する場面で、テーブルマナーも知らずにいたら、それこそ、ご飯が喉《のど》を通りませんものね。

母の教えを受け継ぎ、我が家では1人ずつのプレイスマット（place mat）を敷き、その上に、お皿とカトラリー（cutlery＝ナイフ、スプーン、フォークなど）を並べています。

ただ、母が私に教えたように、息子たちに細かいテーブルマナーを教えることができたかというと……。息子は社会に出て、「ずいぶん恥をかいた」とぼやいていました。

私の息子のような失敗をしないためにも、ここで和食と洋食のテーブルセッティングとテーブルマナーの基本を紹介します。

## ＊基本のセッティング

### 和食の配膳

和食の基本は一汁三菜《いちじゅうさんさい》。ご飯に汁物、おかず3品（主菜1品、副菜2品）で構成された献立を指します。「一汁三菜」という言葉には、バランスよく栄養を摂《と》るための日本人の知恵が現れています。

お膳立ての配置は次のとおりです。

**◎一汁三菜（献立例）**

①▼**箸**　一番手前（箸先を左側にして、箸置きに）
②▼**ご飯**（炊き込みご飯）左手前
③▼**汁**（味噌汁・吸い物など）右手前
④▼**主菜**（焼き魚・肉料理など）右奥
⑤▼**副菜**（野菜の煮物など）左奥
⑥▼**副副菜**（野菜の胡麻《ごま》和え・酢の物など）真ん中

## 洋食のセッティング

洋食では、ナイフ、フォーク、スープスプーンは右側にまとめて縦に並べます。洋食はナイフとフォークでお皿の料理を食べるので、主菜は切りやすいようにメインが手前。付け合わせはメインより小さいので奥に盛り付けます。

◎**家庭の洋食の配置**

①▼**ナイフ・フォーク・スプーン**など　右側
②▼**パン・ライス**　左側手前
③▼**スープ**　右側手前
④▼**主菜**（メインが手前、付け合わせを奥に盛る）右上側
⑤▼**サラダ**　左上側

## 正式なフルコース料理のセッティング

正式なフルコースでは、料理はコース順に運ばれてきます。

● **カトラリー（ナイフ、フォーク、スプーン）は、下図のように配置されます。コースメニュー順に外側から使います。**

● **お皿の上側に置いてあるカトラリーはデザート用です。バターを自分のパン皿に取るときは、バターナイフを使います。**

◎ **フルコースのメニュー**（一般的な順番の例）

1 **オードブル**①（前菜）
2 **オードブル**②、または**スープ**
3 **魚料理**
4 **肉料理**
5 **デザート**（菓子・フルーツ・コーヒー）

**洋食フルコースのテーブルセッティング**（左ページのイラストに対応）

※2のカトラリーは、選んだメニューに合わせて、給仕が取り替えてくれます。

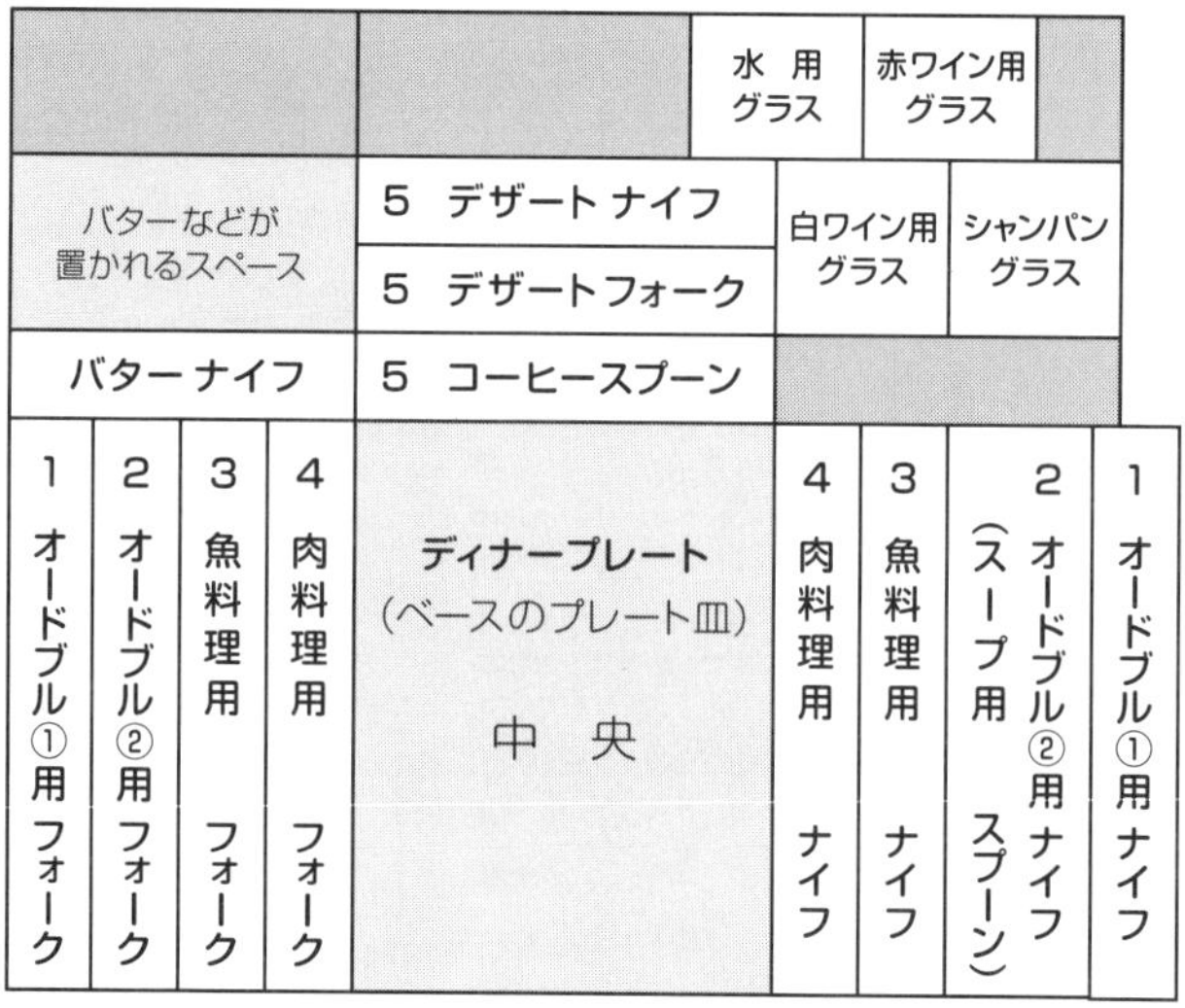


※図中の数字はメニュー順に対応しています。

## フルコースのテーブルマナー

気をつけたいのは次の5つです。

**1**▼ナプキンはテーブルで1番目上の人が取ってから、取る。

**2**▼ナイフとフォークは外側から1本ずつ使う。

**3**▼食事の途中でナイフとフォークを置くときは、八の字に広げて置く。料理を食べ終わったら2本揃えて置く。

**4**▼料理は残してもよい。残す場合は皿の上でまとめておく。

**5**▼食事の途中で席を立つときはナプキンを軽くたたんで椅子の上に置く。食事が終わってテーブルを離れるときはナプキンはきれいにたたまずに、軽くたたんでテーブルに置く。

コースの内容やお店のしきたりによって、多少の違いはありますが、この5つを押さえていれば、大丈夫！　まずは、楽しく、おいしく頂きましょう。

**洋食フルコースのテーブルセッティング**（右ページのカトラリー等配置図に対応）

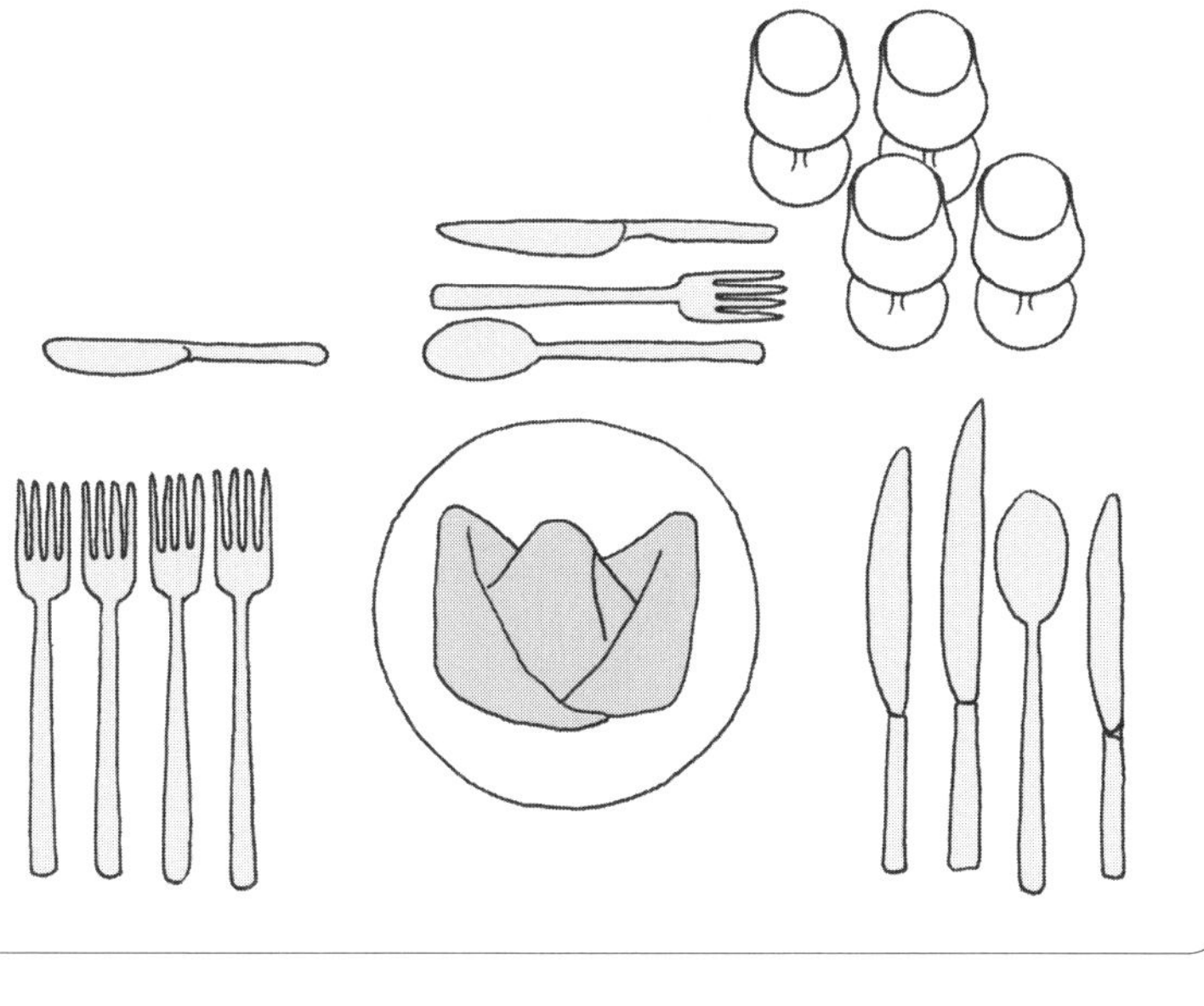

# 固ゆでたまごと半熟たまご

## ＊おいしくて、ころころかわいいゆでたまご

ゆでたまごにはいろんな楽しい思い出があります。

子どもの頃、母がゆでたまごを10個ぐらい作って、いつも冷蔵庫に常備してありました。そのゆでたまごは、ときには朝食のたまごサンドに、ときには夕食のミモザサラダやスコッチエッグに姿を変えて食卓に登場しました。

でも、私が何よりも好きだったのは、お腹がすいたときにおやつ代わりに食べること。お菓子を食べるより、冷蔵庫の中のゆでたまごを食べるのが好きでした。

母は、遠足のお弁当にも、必ずチューリップの形に飾り切りしたゆでたまごを入れてくれました。彩りもかわいく、お弁当にお花が咲いたようでうれしかったことを覚えています。

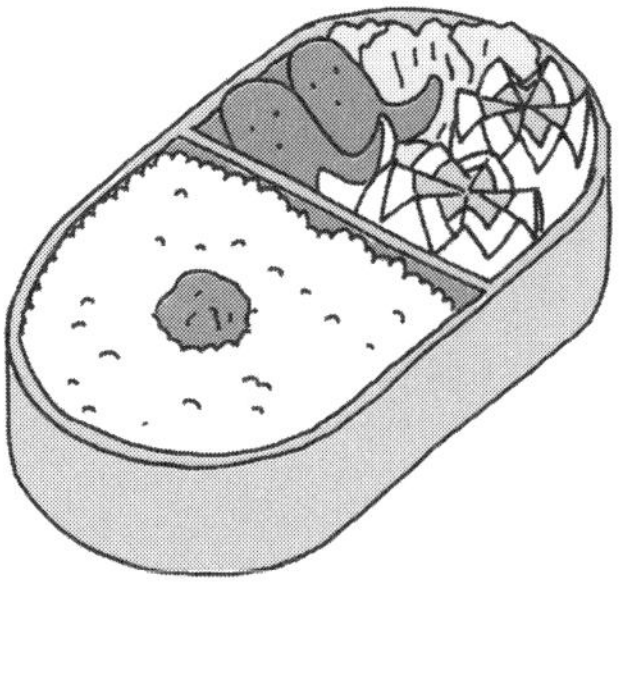

## ＊ゆでたまごを作ってみよう

ころころとかわいいゆでたまごですが、「ただゆでればいいんでしょ？」と思っていませんか？　おいしいゆでたまごを作るのは、なかなか難しいのです。

固ゆでたまごと半熟たまご。用途に合わせて、おいしく作れるように紹介しますね。

### 固ゆでたまごの作り方

①▼お湯ではなく水からゆでます。鍋にたまごがかぶるくらいの水を入れます。

②▼白身を固まりやすくするため、お酢を少々入れます。

③▼強火にかけ沸騰したら、中火にして10分待ちます。

④▼10分経ったら、火を止め、すぐにお湯をきって、冷たい流水をかけます。

▼流水をかけながら、お鍋をガチャガチャと振り、たまごにヒビを入れます。

⑤▼ある程度、あら熱がとれたところで、殻をむきます。つるりときれいにむけますよ。

①
たまごが全部 つかるくらい 水を入れる
②
お酢を 少々
③
沸騰したら 中火で10分
④
ガチャ
ガチャ
⑤
新しいたまごより 古いたまごの方が むきやすい

## 半熟たまごの作り方

1▼固ゆでたまごの1・2の手順と同じです。

2▼強火で沸騰した後、

①▼3分で黄身がとろとろ。

②▼4分で半熟たまごになります。

3▼殻のむき方も、固ゆでたまごの4・5と同じ手順です。

私の大好きなゆでたまご。あなたにも、ゆでたまごの楽しい思い出ができますように。

ゆでたまごの固さは、好みが人それぞれ。夏と冬の水温の違いや、冷蔵庫から出したてのたまごか常温のたまごかによっても、条件しだいでゆで時間が変わってきます。シンプルな料理なので、ぜひ何度も作って、自分好みのゆでたまごレシピを完成させてください。

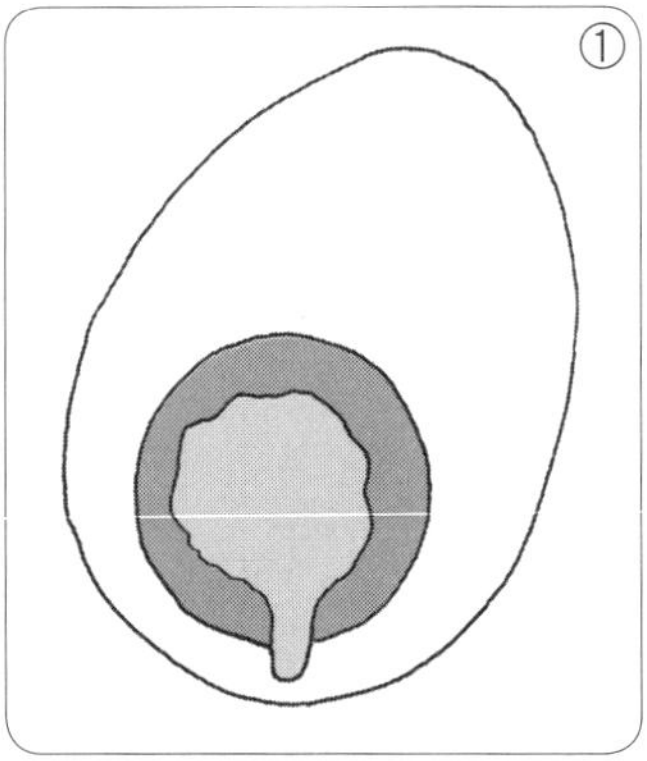


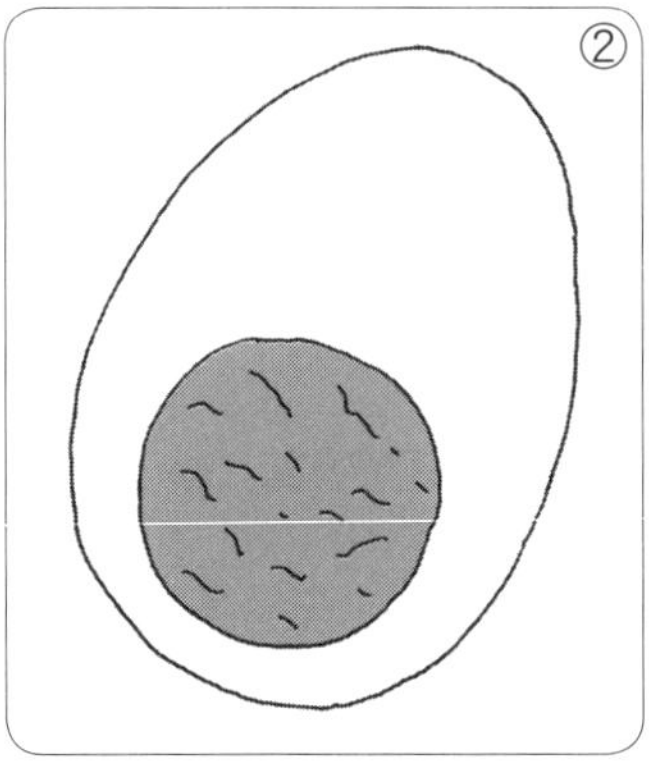

CHAPTER

6

# 裁縫のきほん

sewing

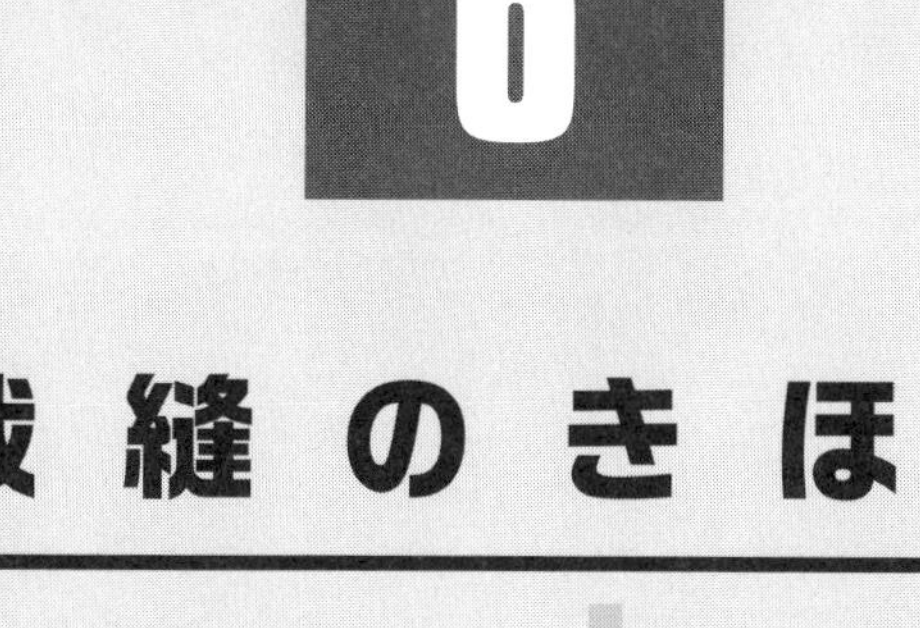

ボタンつけ、
裾《すそ》の始末《しまつ》。
いざというときに
困らないように。

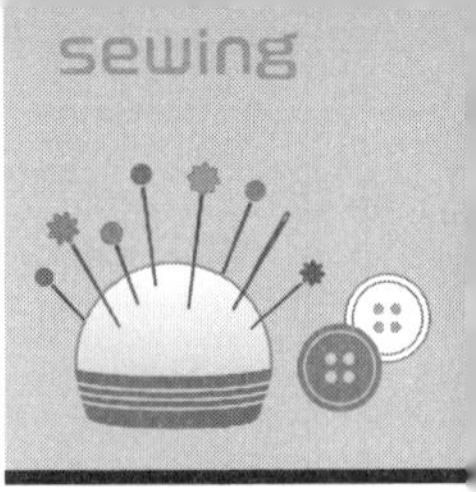


# 裁縫《さいほう》の基本道具を揃えよう

**＊針と糸さえあれば、洋服が生き返る！**

幼い頃、母の裁縫箱を開けるのが大好きでした。細かい彫り細工がしてある漆《うるし》塗りの裁縫箱のフタを開けると、中には色とりどりの刺繍《ししゅう》糸やミシン糸が並び、貝でできたボタン、かわいい布のくるみボタンなど美しいボタンを収めた小箱も入っていました。

大人になった今でも、裁縫箱は私にとって宝石箱のような存在。開くたびに胸がときめきます。

シトシトと雨が降る昼下がり、音楽を聴きながら針をチクチク動かすのは至福《しふく》の時間です。

とはいうものの、近頃は裁縫箱のないお宅もたくさんありますよね。でも、いざというときのために、最低限の道具だけは揃えておきたいものです。

ボタンが取れているだけ、裾がほつれているだけで、1年以上着ないシャツやパンツがあるのは、本当にもったいない。

最低限の道具さえあれば、クロゼットで死んでいた洋服を生き返らせることができるのです。

## ＊揃えておきたい裁縫道具

市販の裁縫箱でなくても、クッキーなどお菓子の空き缶、プラスチックのボックスなど、何でもいいと思います。裁縫は嫌いな人も多いので、箱を選ぶコツは自分のテンションが少しでも上がるものを選ぶこと。「何でもいいや」という気持ちは道具にも伝わります。

## 基本の裁縫道具

①**針類**

▼**縫い針**（手縫いに使用する針）

▼**マチ針**

②**針刺し**

▼小さなクッション状のもので、針を刺しておくもの。

③**糸類**

▼衣服に合わせた色が必要。基本的には、白、黒、グレーなど。糸の種類も刺繍糸や絹糸などいろいろありますが、まずは木綿糸を揃えればよいでしょう。

④**ハサミ類**

▼**裁ちばさみ**（布の裁断に使う）

▼**糸切りバサミ**（糸を切るのに使う）

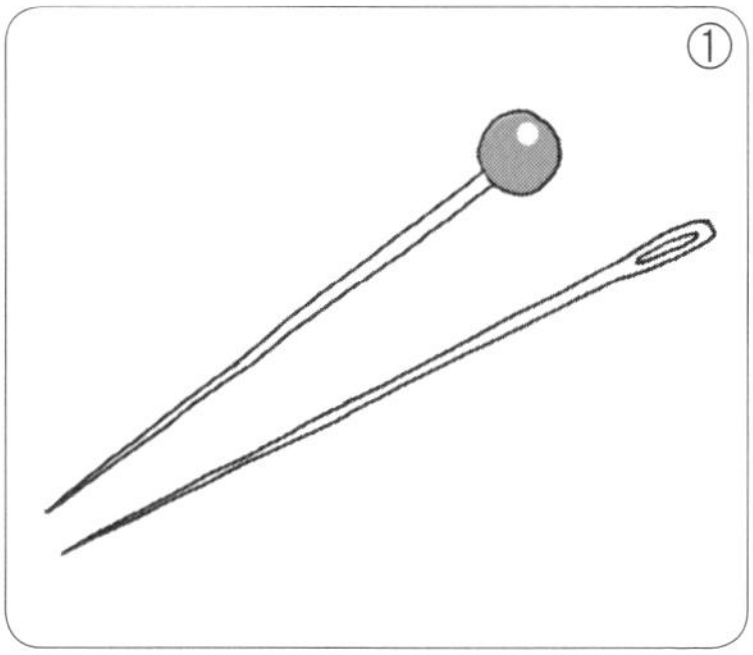


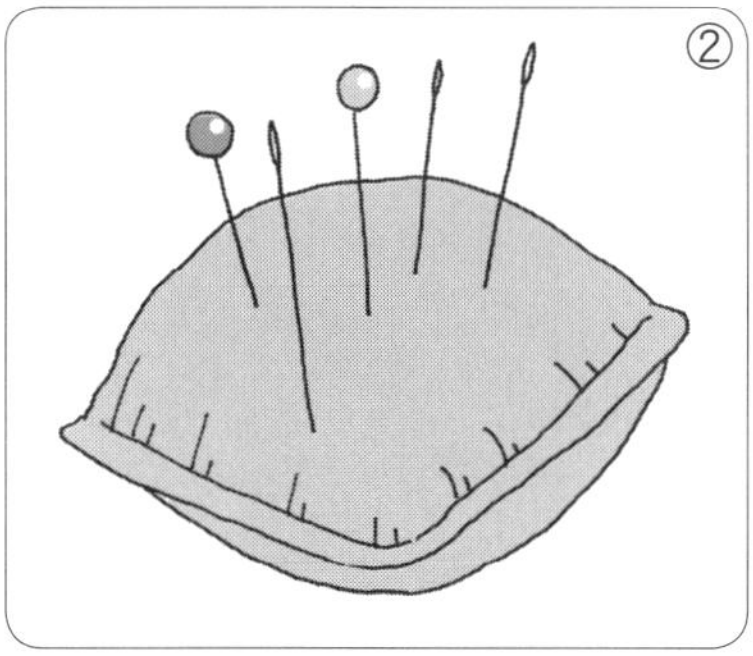


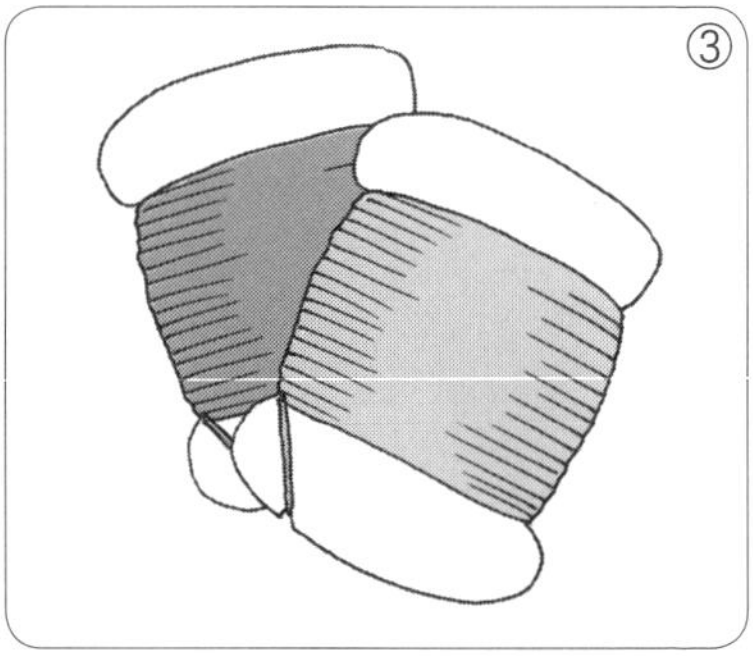


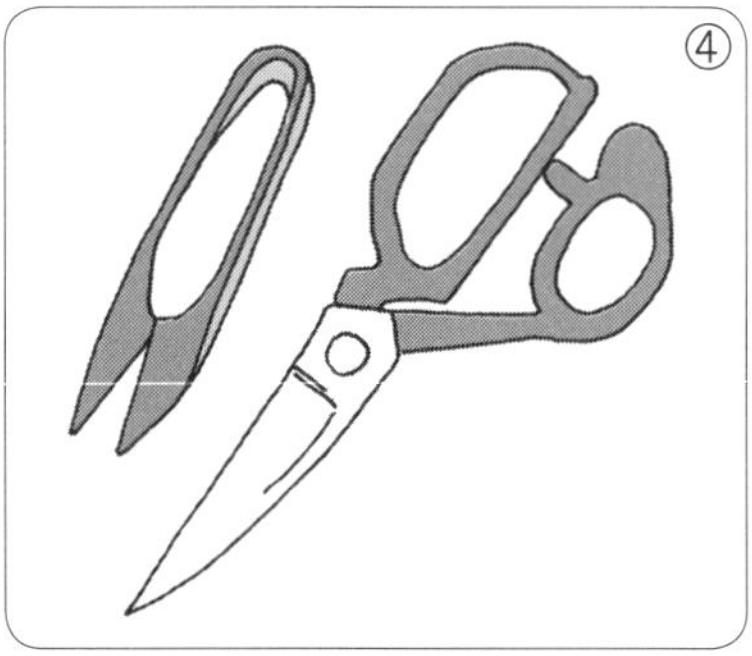

⑤ **指貫《ゆびぬき》**
▼生地に針を通すときに、ケガをしないように指につけるプロテクター。皮や金属製でできている。

## あると便利なもの

⑥ **糸通し**▼針の小さな穴に糸を通すための道具。
⑦ **ゴムひも**▼下着などのゴムが伸びきってしまったときの交換用。
⑧ **チャコ**▼生地に目印をつける筆記具。
⑨ **へら** ⑩ **巻尺《まきじゃく》**
⑪ **ボタン** ⑫ **ハギレ**

洋服のほつれや取れかかったボタンなどは、洗濯の最中に気づくことが多いものです。裁縫箱をクロゼットのそば、洗濯室の棚などに置いておくと、気づいたときに修繕できます。

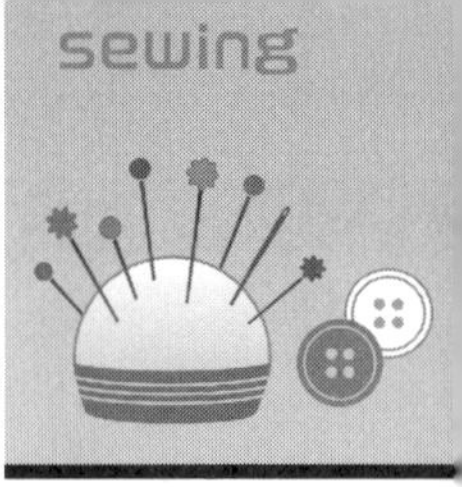
sewing

# 小さな針穴にカンタンに糸を通すコツ

## ＊針に糸を通しましょう

「あの小さな穴に糸を通すのが嫌だから、繕いものはしないの」。こういう声をよく耳にします。針に糸を通す作業って、確かにイライラする作業かもしれません。

でも、針に糸を通すのは、コツさえつかめば、意外に簡単。そのコツをご紹介しましょう。

まず、裁縫は細かい作業が多いので、明るいところでやりましょう。

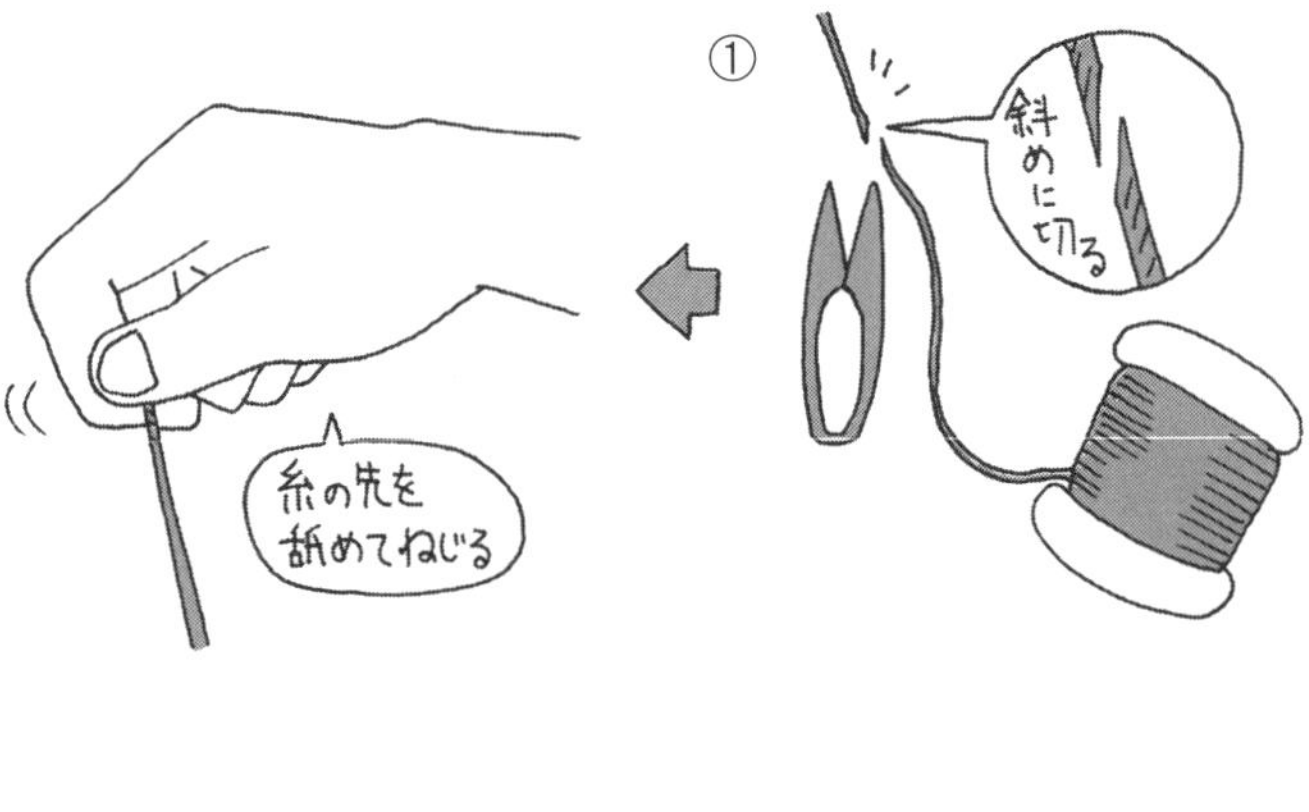
①
斜めに切る
糸の先を舐めてねじる

**1**▼糸先をハサミで斜めに切って、舐《な》めて湿らせます。湿った糸先をぎゅっと回転させて糸の先を細くとがらせます。

**2**▼利き手に糸を、逆の手に針を持ちます。

**3**▼自分の目線まで針穴を持ち上げ、穴にまっすぐ糸を通します。

一度で通らないこともありますが、根気よく挑戦してください。「黄色い紙を下に置くと糸が通りやすい」という裏ワザもあります。黄色は膨張《ぼうちょう》色のため、目の錯覚によって、針の穴が実際より大きく見えるからのようです。試してみる価値はあるかもしれませんね。

## 糸を通す便利グッズ「糸通し」

それでもやっぱり、糸を針穴に通すのが嫌だという方は、グッズに頼ってみるのも1つの手です。

「糸通し」は針穴に菱型状の輪になった細い針金を通し、菱型の輪の部分に糸を入れ、そのまま針穴から糸通しを引き抜くと、針に糸が通っている！　という便利グッズです。

## 糸の取り方

糸を針穴に通すと、2つの糸の端ができますね。その片方を玉結びにし、1本の糸で縫うことを「1本取り」といいます。

1本の糸を針穴に通し、2つの両端を合わせて玉結びにする糸の取り方（ちょうど1本の糸が、輪になったような感じ）を「2本取り」といいます。

しっかり縫い付けたいときは2本取り、糸が目立たないように縫いたいときは1本取りにします。

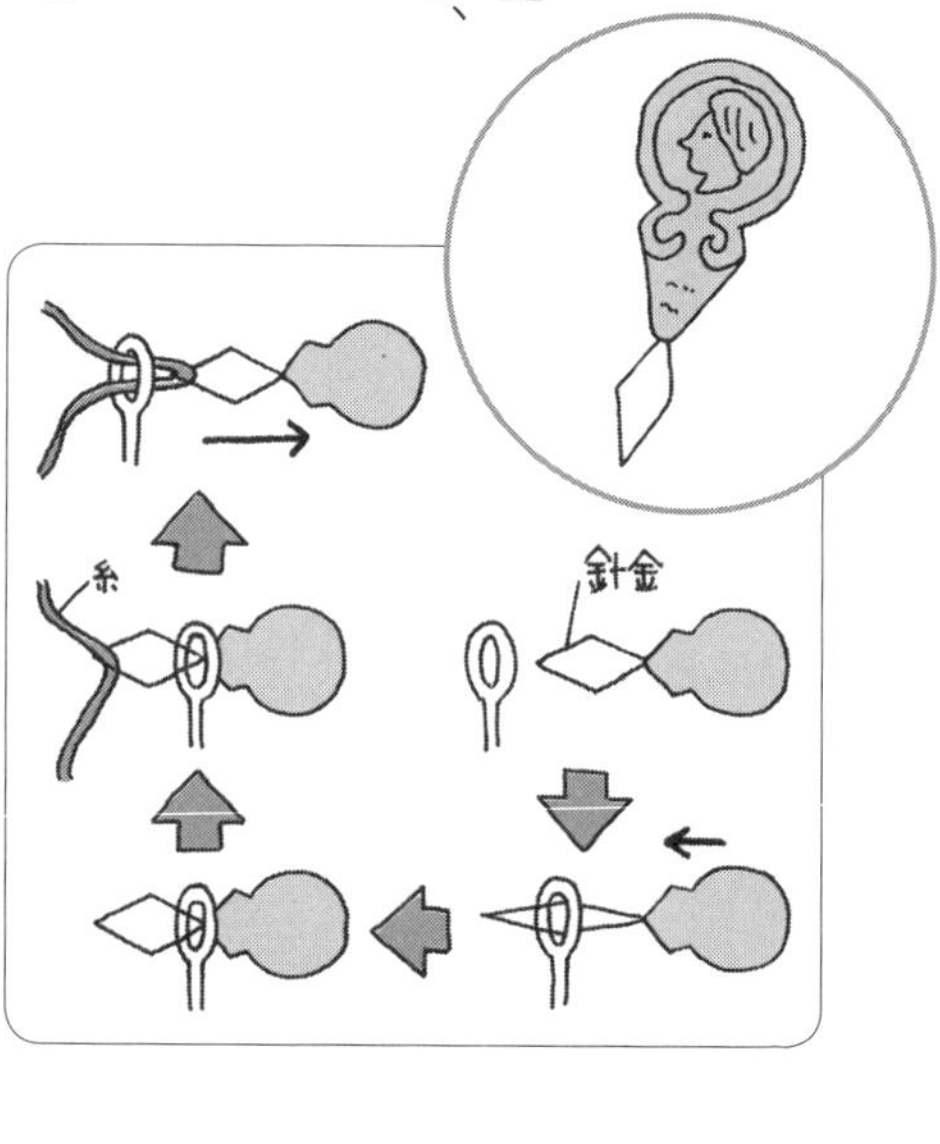

針に糸を通すコツは、糸の太さに合った針を選ぶこと。太い糸には太い穴の針、細い糸には細い針穴を使えばラクに通せます。

# 正しい針の持ち方、使い方

## 正しい針の持ち方

針は利き手の親指と人差し指で持ちます（A）。このまま縫うこともできますが、指貫をはめれば、さらに指に負担をかけずに針を押せます。針を持つ手の中指の第一関節と第二関節の間に指貫をはめます（B）。針を指貫にあてながら、針を押すように縫っていきます。

イラストは皮製のリングタイプのものです。ほかに金属製のものもあります。皮製も金属製も、それぞれ使い心地が違います。使い心地によって、好きなものを選ぶとよいでしょう。1番大切なことは、自分の指のサイズに合った物を選ぶこと。サイズが合わないと、使いづらいうえに、針でケガをすることもあるので、きちんと選びましょう。

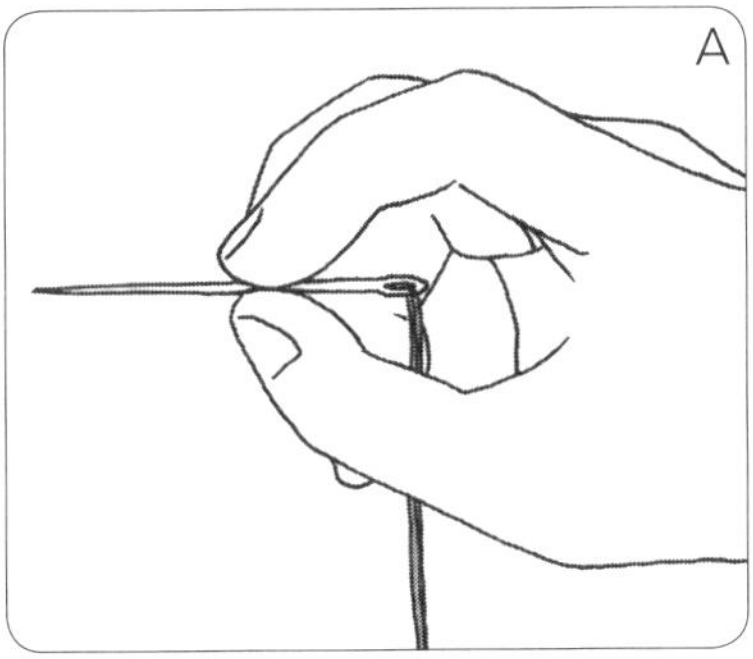


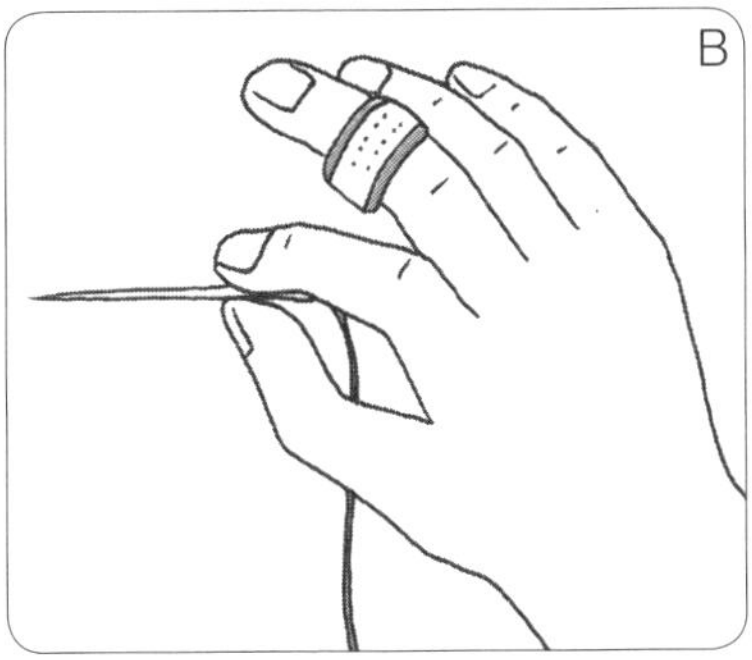

## 《玉結びと玉止め》

▶さて、先ほどから「玉結び」という言葉が出てきますね。せっかく針に糸を通しても、糸の端をきちんと留めておかないと縫い物をした意味がありません。縫い始めは「玉結び」、縫い終わりは「玉止め」と覚えてください。

### 玉結び

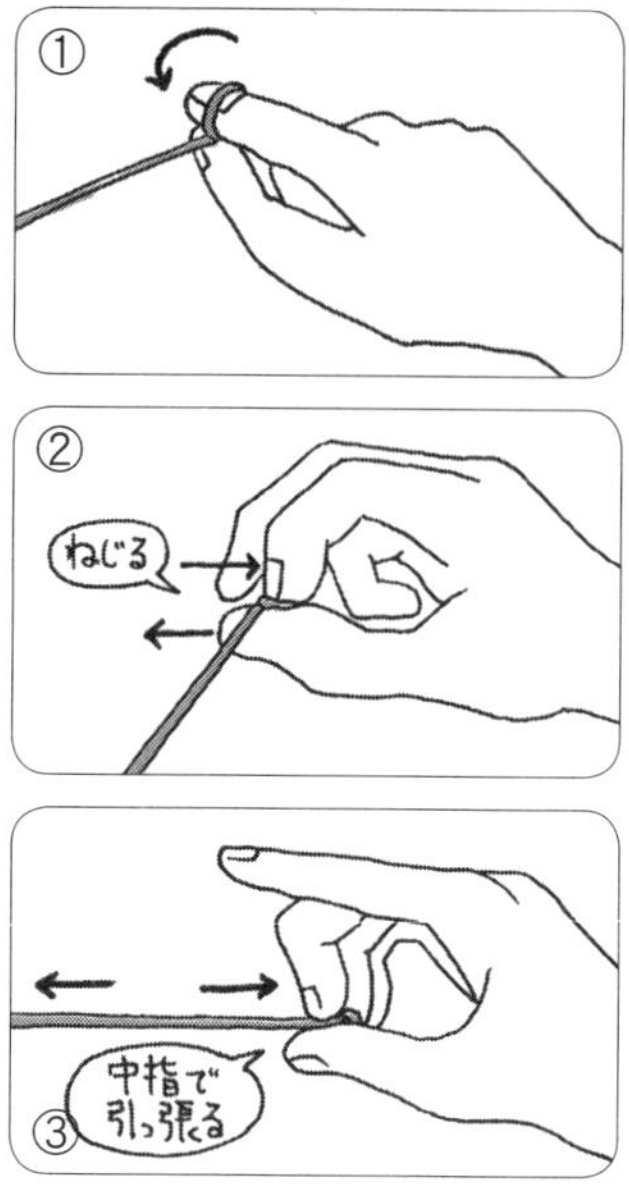


① 糸端を人差し指の爪の上辺りに1回巻きます。

② 親指で糸をねじりながら、人差し指から糸をはずします。

③ 中指でしっかり押さえ、糸を引っ張ります。

### 玉止め

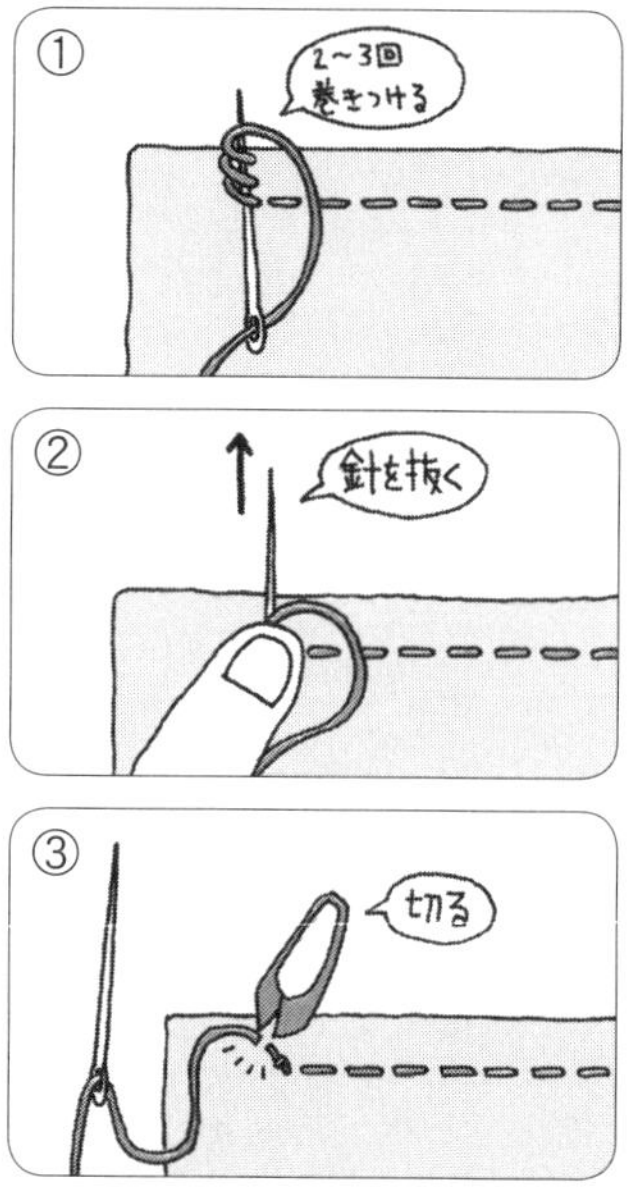


① 縫い終わりのところに針を当て、糸を針に2～3回しっかり巻きます。

② 巻いた部分を親指でしっかり押さえ、巻いた糸の中から針を引き抜きます。

③ 糸を切ります。

▶玉結びと玉止めができなければ、せっかくきれいに縫えても糸が抜けてしまいます。

▶始めも終わりも、しっかり玉を作って、糸が抜けないようにしましょう。

# ボタンつけができれば洋服が好きになる

## ＊ボタンつけは5分でできる

ボタンが取れてしまったシャツを1カ月、ときには半年も放置してしまうこと、ありませんか。自分でボタンをつけることを早々に諦めて、リフォーム屋さんや修繕屋さんに持っていき、お金を払ってつけてもらう人もいるそうです。お金を払うぐらいだったら、新しいのが安く買えるから買おう、とボタンが取れたぐらいで捨てる人もいます。

なんてもったいない！　ボタンつけは長くても5分でできます。基本を覚えておけば、お金も時間もセーブできます。それに、自分でボタンをつけ直した分、よけいに、その服への愛着が湧いてきます。

## ＊ボタンをつけましょう

ここでは、最も基本的な2つ穴ボタンのつけ方を紹介します。

①▼ボタンをつける位置に、裏側から針を出し、ボタンの穴に通します。

②▼布をすくい、布の厚さ分だけ糸を浮かして、ボタンの穴に通します。これを3～4回繰り返します。爪楊枝などを挟むとやりやすいですよ。

③▼ボタンと布の間の糸を浮かしたところに、3～4回糸を固く巻きます。

④▼針を布の裏側に出し、玉止めを作ります。糸を切れば完成です。

＊　＊　＊

⑤▼4つ穴ボタンは糸のかけ方をバッテンにクロスさせるか、2本を平行にかけるかの違いで、あとは2つ穴ボタンと同じつけ方です。

◎買ったばかりの服には予備ボタンがついていることが多いです。これを裁縫箱に入れ大切に保存しましょう。

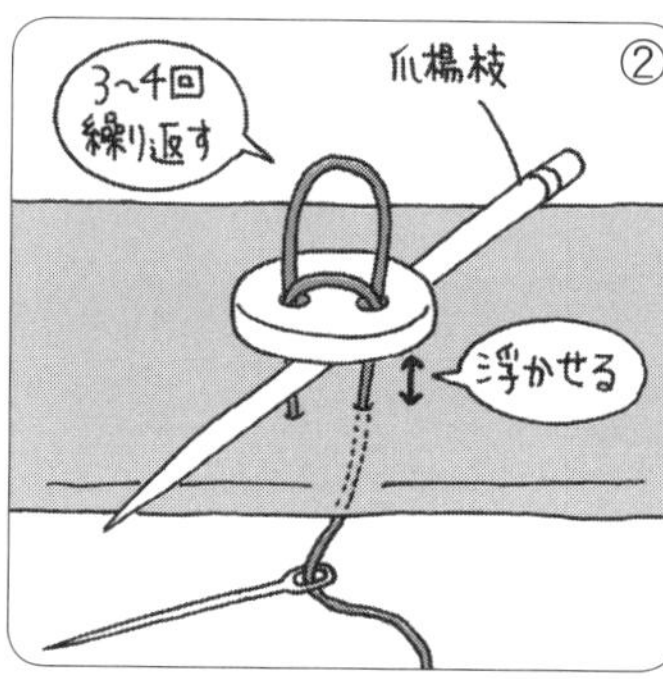


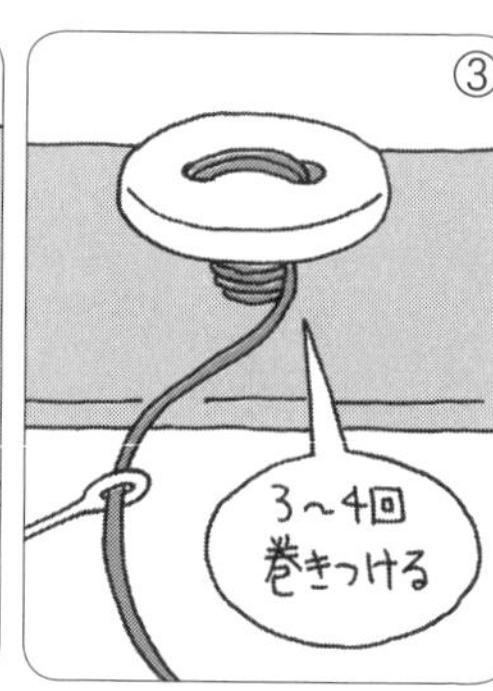


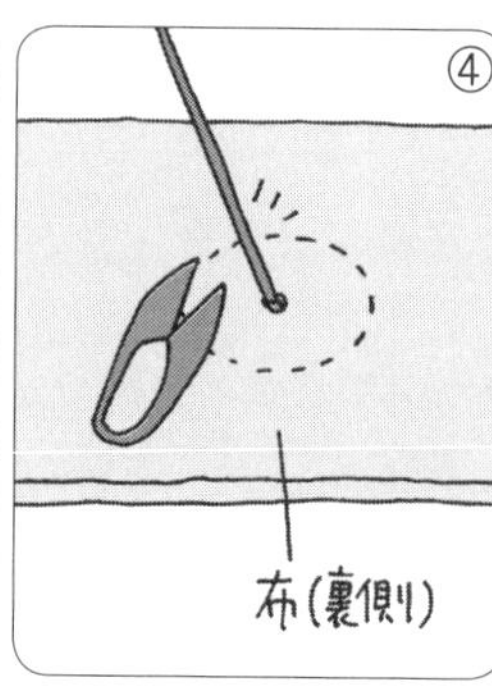

# 裾《すそ》がほつれたらどうする？

## ＊裾のほつれを直す、まつり縫い

ズボンやスカートの裾がほつれた経験はありませんか？　私の知り合いはホッチキスやヘアピン、ガムテープなどで止めて応急処置をしている人がたくさんいます。しかし、この応急処置もそのときだけならいいのですが、応急処置をしたことをうっかり忘れてしまい、そのまま洗濯機へポイ！　ほつれがどんどん広がり、結局大がかりな手直しが必要になってしまうことも。

裾のほつれは、ミシンではなく手縫いで簡単に直せます。「まつり縫い」は縫い目が表から目立たないので、スカートやパンツの裾上げやほつれ、袖口の始末に用いる縫い方です。これができれば、あなたも立派に自活できます。洋服への愛着もますます深まりますよ。

## ＊まつり縫いをしてみましょう

①▼布端《ぬのはし》を3つ折りにし、折り山の内側から針を出します。
折り山の向こう側の布を1㎜程すくいます。

②▼布をすくった針で、折り山の内側から針を出します。

③▼折り山1㎜くらいのところを、5㎜くらいの間隔で縫います。

まつり縫いをするときには、布の色に合わせた糸を使い、縫い目が目立たないようにすることが大切です。

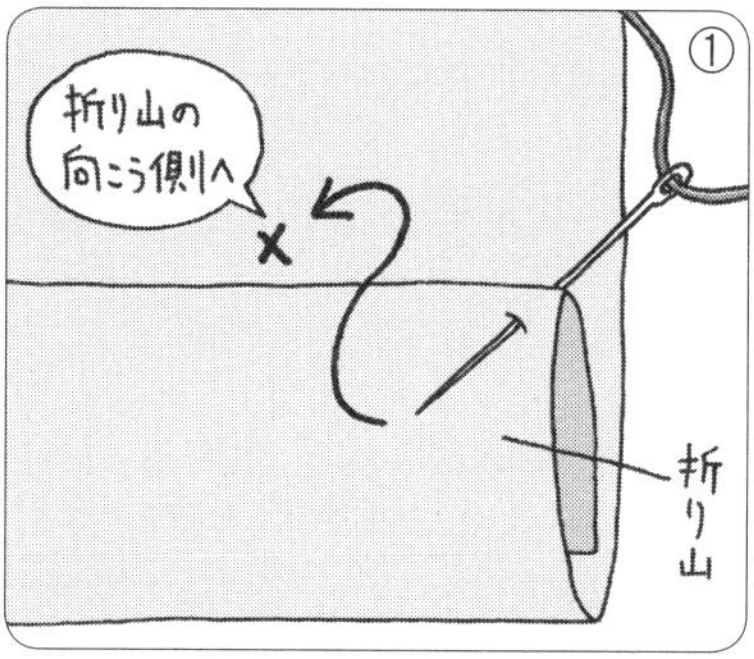


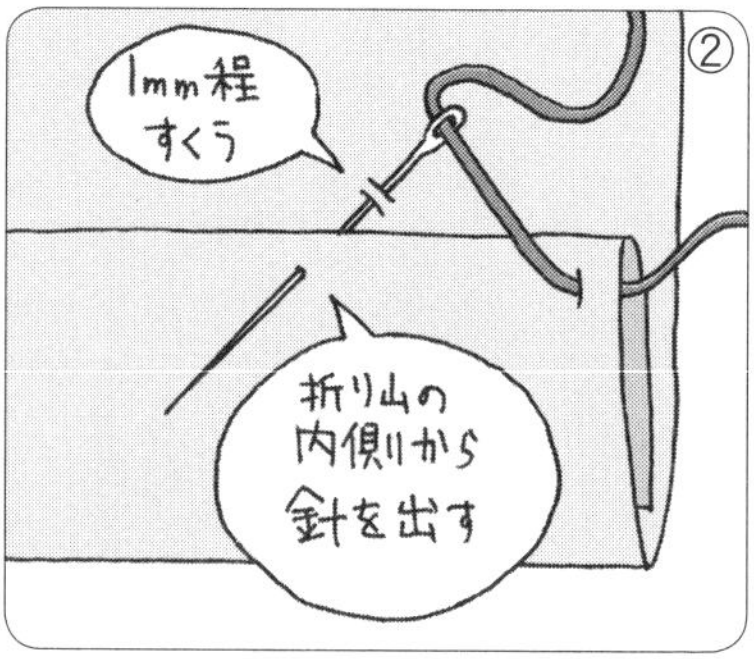


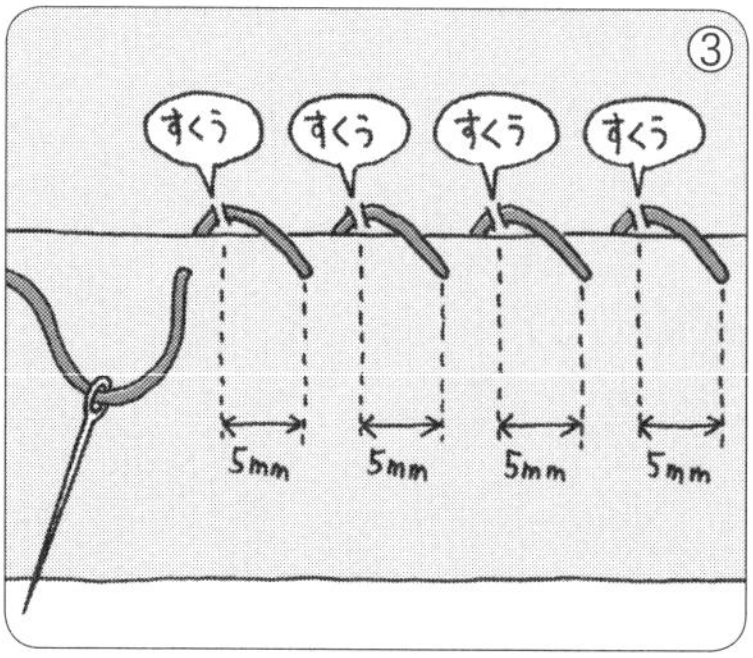

デザイン……村橋雅之
イラスト……堀江篤史

**アントラム栢木利美（アントラム・かやき・としみ）**

日本大学藝術学部文芸学科ジャーナリズムを卒業。アメリカハリウッドへ雑誌レポーターとして渡米。帰国後、くらしデザイナーとして活躍。89年に渡米。92年、「現代《いま》を活躍する女性100人」に選ばれる。99年、『スピード・クリーニング』（ソフトバンク文庫NF）を翻訳し、スマッシュヒットに。2010年、『Green Tea Living』でアメリカで作家としてデビュー。『Green Tea Living』では、日本の古来から伝わる食べ物、健康、家事法を紹介。11年、この本がアメリカ独立系出版に贈られる最も権威あるベンジャミン・フランクリン賞を受賞。その他3つの賞も受賞。その後、フランス語版『A l'heure du the vert-un art de vivre au japon』、中国語版『生活「緑茶禅」』も出版され、世界的な広がりを見せている。『日本とアメリカ 逆さの常識』（中公文庫）、『アメリカ流知的家事79の方法』（大和出版）、『ワーキングミセスの24時』（主婦の友社）、『息子をアメリカの学校へ行かせてよかった』（リヨン社）など、家事、文化比較論、女性の生き方について多数出版。

13歳からの家事のきほん46

二〇一三年 四月 三十日 第一刷発行
二〇一四年 三月 二十二日 第七刷発行

著 者＝アントラム栢木《かやき》利美《としみ》
発行者＝下村のぶ子
発行所＝株式会社 海竜社
東京都中央区明石町十一の十五 〒一〇四―〇〇四四
電 話（〇三）三五四二―九六七一（代表）
FAX（〇三）三五四一―五四八四
郵便振替口座＝〇〇一一〇―九―四四八八六
ホームページ＝http://www.kairyusha.co.jp
印刷・製本所＝シナノ印刷株式会社
落丁本・乱丁本はお取り替えします。
©2013, Toshimi Kayaki Antram, Printed in Japan

ISBN978-4-7593-1268-3 C0095